MIRIAM DORNEMANN

MEINE TASCHE
Mein Design

INDIVIDUELLE LIEBLINGSSTÜCKE SELBST GENÄHT

Weltbild

Inhaltsverzeichnis

Nähen ist trendy! Schon seit einiger Zeit ist das Nähen nicht mehr nur was für ältere Semester und scheue Mauerblümchen, die in der heimischen Stube einsam vor sich hin arbeiten.

In diesem Buch finden Sie viele Anregungen für moderne und sehr individuelle Taschen. Jetzt dürfen Sie mal der Designer sein und eine Tasche gestalten, die genau Ihren persönlichen Vorstellungen entspricht! Dies ist einfacher, als Sie vermutlich denken. Sie suchen sich eines der 15 Grundmodelle aus, wandeln es nach Ihren Wünschen ab, wählen die Materialien für Ihre Tasche aus, und schon kann es losgehen! Die einzelnen Arbeitsschritte werden detailliert beschrieben, Skizzen helfen bei der räumlichen Vorstellung, Variationsmöglichkeiten werden vorgestellt und dazu gibt es viele Ideen und unzählige Inspirationen.

Die schönsten Aufgaben haben wir für Sie übrig gelassen: Genießen Sie es, etwas ganz Eigenes und Persönliches zu schaffen und versinken Sie ganz in Ihr Nähprojekt. Und wenn die einzigartige Tasche fertig ist, führen Sie sie aus und nehmen stolz viele Komplimente entgegen.

Ich wünsche Ihnen eine tolle Zeit beim Schmökern, beim Auswählen der Modelle, Techniken und Materialien, beim Nähen und beim Ausführen Ihrer Taschen. Und beim Lob-Einheimsen natürlich auch.

Ihre

Miriam Dornemann

P.S.: Kennen Sie auch solche Zeitangaben bei Schnittmustern: „eine Tasche in zwei Stunden"? Das klappt bei mir nie. Um mein Nähprojekt so richtig zu genießen, lasse ich mir schon für die Auswahl des Stoffes bestimmt eine oder zwei Stunden Zeit... Irreführende Zeitangaben habe ich daher in diesem Buch weggelassen.

Mein Modell

Hier lernen Sie 15 verschiedene Grundmodelle für Taschen kennen, Taschen für unterschiedliche Gelegenheiten und Zwecke: Ob groß oder klein, ob zum Tragen in der Hand, über der Schulter oder auf dem Rücken, die Modelle sind dank der bebilderten und detaillierten Anleitungen einfach nachzunähen. Sie haben die freie Wahl!

SCHWIERIGKEITSGRAD 2

GRÖSSE
25 cm x 35 cm x 8 cm

MATERIAL

- Oberstoff: Baumwollstoff, 60 cm x 160 cm
- Futterstoff: Baumwollstoff, 60 cm x 90 cm
- Vlieseinlage: Vlieseline H 250 und H 630, je 60 cm x 90 cm
- Vlieseline Bundfix, 4 cm breit, 160 cm lang
- Reißverschluss, 46 cm lang

SCHNITTMUSTERBOGEN A

Schulter-tasche

Die Schultertasche oder Umhängetasche war zunächst eine kleine oder mittelgroße Tasche, die über der Schulter getragen wurde. Heute sind die Taschen größer und sie dürfen auch diagonal über dem Körper getragen werden. Die Abgrenzung zur Messenger Bag ist also nicht eindeutig.

So gelingt die Schultertasche

NAHTZUGABEN

Stoffe und Vlieseinlagen mit 1 cm Nahtzugabe zuschneiden.

ANLEITUNG

1 Die Vlieseinlage H 250 auf die Rückseite der Zuschnitte aus Futterstoff, das Volumenvlies auf die Rückseite der Zuschnitte aus Oberstoff bügeln. Bei den oberen Streifen die Nahtzugabe je an einer langen Seite umbügeln und gemäß Abbildung an den Reißverschluss nähen. Der Zwischenraum zwischen den Streifen, in dem sich der Reißverschluss befindet, sollte ca. 1 cm betragen.

2 Dieses obere Taschenteil mit Reißverschluss rechts auf rechts auf den Seitenstreifen unten legen und die kurzen Seiten der Streifen zusammennähen. Die überstehenden Enden jeweils in Richtung des unteren Seitenstreifens falten und für zusätzlichen Halt knappkantig absteppen.

3 Die Seitentasche mittig falten, sodass die rechte Stoffseite außen liegt, und den oberen Rand der Seitentasche knappkantig absteppen. Dann diese Seitentasche auf eines der Taschenteile legen und knappkantig an den Seiten und am Boden zusammensteppen – so kann später nichts verrutschen. Evtl. einen Druckknopf fixieren (siehe Skizze 3).

4 Je zwei Trägerhalter rechts auf rechts legen, jeweils die Seitennähte und die Bodennaht schließen und den Trägerhalter auf rechts drehen. Den Trägerhalter durch die Schnalle ziehen und den oberen Rand nach hinten falten. Dann den Halter jeweils seitlich, unterhalb des Reißverschlusses auf den unteren Seitenstreifen nähen und dabei auch den nach hinten gefalteten Teil fixieren.

5 Den Seitenstreifen rechts auf rechts auf eines der Taschenteile legen und mit Stecknadeln fixieren. Die Hinweise „Reißverschluss bis hier" erleichtern jeweils das genaue Platzieren. Alle vier Seiten der Tasche zunähen. Den Reißverschluss einige Zentimeter weit öffnen, damit die Tasche später gewendet werden kann, und das zweite Taschenteil ebenso an den Streifen nähen. Dann die Tasche durch den Reißverschluss auf rechts wenden.

6 Die Tasche aus Futterstoff wird ähnlich wie die Tasche aus Oberstoff genäht, allerdings ohne Reißverschluss. Dazu die Nahtzugabe der oberen Seitenstreifen je an einer langen Seite umbügeln. Die beiden oberen Streifen an den Enden an den unteren Seitenstreifen nähen (siehe Schritt 2), sodass anstelle des Reißverschlusses ein ca. 1 cm breiter Spalt bleibt. Dann den Seitenstreifen an die Taschenteile nähen (siehe Schritt 5). Die Tasche aus Futterstoff in die Tasche aus Oberstoff schieben und am Reißverschluss von Hand zusammennähen.

7 Für den Träger das Bundfix auf die Rückseite des Oberstoffes bügeln. Damit der Träger verstärkt ist, einen knapp 4 cm breiten und 160 cm langen Streifen aus Volumenvlies zuschneiden und auf das Bundfix aufbügeln. Dann die Seiten des Streifens zur Mitte falten, den Streifen in der Mitte falten und bügeln. Die Ränder des Trägers absteppen.

8 Den Träger auf einer Taschenseite durch die Schnalle ziehen, das Ende nach innen klappen und festnähen. Den Träger auf die gewünschte Länge kürzen, dann das andere Ende des Trägers ebenso an der anderen Schnalle befestigen.

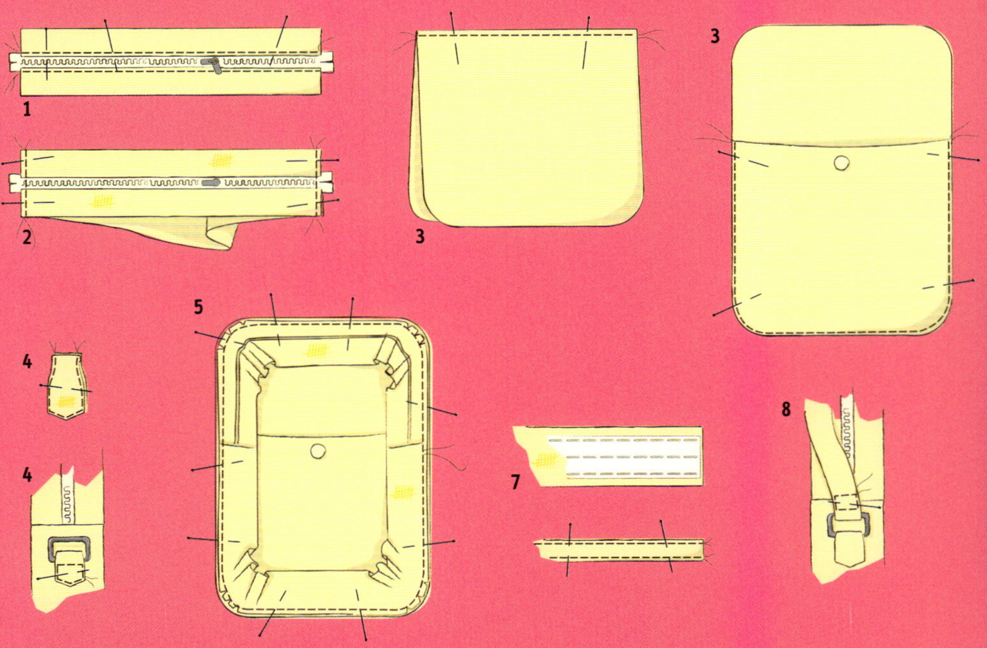

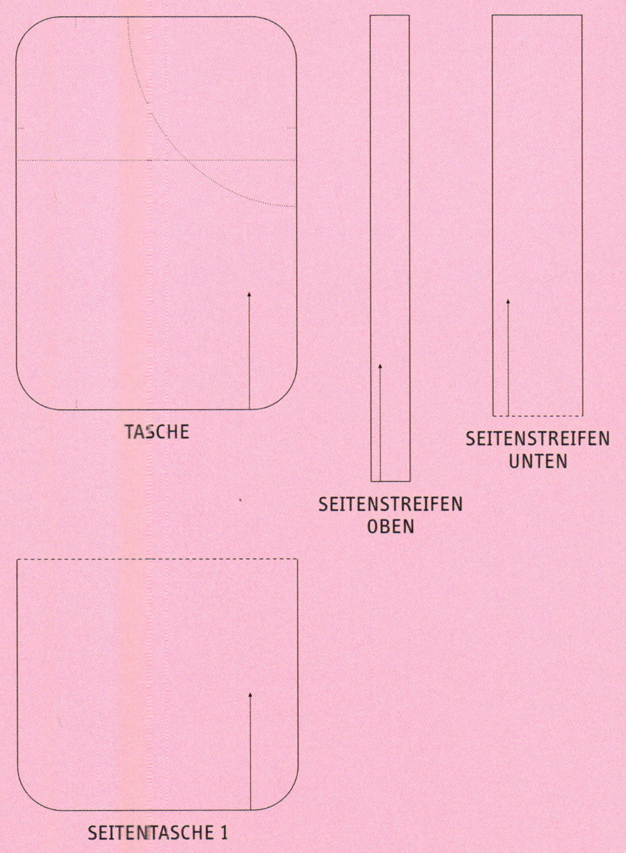

Oberstoff	2x Schnittteil „Schultertasche“ Tasche
	2x Schnittteil „Schultertasche“ Seitenstreifen oben
	1x Schnittteil „Schultertasche“ Seitenstreifen unten im Stoffbruch
	1x Schnittteil „Schultertasche“ Seitentasche 1 im Stoffbruch
	1x Streifen für Träger, 160 cm x 12 cm
Futterstoff	2x Schnittteil „Schultertasche“ Tasche
	2x Schnittteil „Schultertasche“ Seitenstreifen oben
	1x Schnittteil „Schultertasche“ Seitenstreifen unten im Stoffbruch
Vlieseinlage	je 2x Schnittteil „Schultertasche“
	je 2x Schnittteil „Schultertasche“ Seitenstreifen oben
	je 1x Schnittteil „Schultertasche“ Seitenstreifen unten im Stoffbruch
	1x Seitentasche 1 nicht im Stoffbruch (nur H 250)

Frame

Frame bedeutet Rahmen: Die Frame hat einen Metallverschluss, wie er sonst für Geldbörsen typisch ist. Er verleiht der Tasche einen Rahmen. Die Frame Bag wird in der Hand oder in der Armbeuge getragen. Die Frame wird häufig auch Granny Bag genannt, also Oma-Tasche. Klar, die Form der Tasche wurde lange Zeit von älteren Damen bevorzugt ...

SCHWIERIGKEITSGRAD 2

GRÖSSE

30 cm x 26 cm

MATERIAL

- Oberstoff: Baumwollstoff, 60 cm x 60 cm
- Futterstoff: Baumwollstoff, 60 cm x 60 cm
- Vlieseinlage: Vlieseline H 250, 60 cm x 60 cm
- Taschenbügel, 25 cm x 10 cm
- Anorakkordel, 100 cm lang
- Textilkleber

SCHNITTMUSTERBOGEN A

So gelingt die Frame

NAHTZUGABEN

Stoffe und Vlieseinlage mit 1 cm Nahtzugabe zuschneiden.

ANLEITUNG

1 Die Schnittteile Tasche aus Oberstoff rechts auf rechts legen und die Seitennähte sowie die Bodennaht schließen. Nun auf beiden Seiten der Tasche jeweils die Seitennaht auf die Bodennaht legen, sodass die Kanten für die Abnäher aufeinander liegen, und die Abnäher mit einer Steppnaht nähen. Die Vlieseinlagen auf die Rückseiten der Schnittteile Tasche aus Futterstoff bügeln und die Tasche aus Futterstoff ebenso wie die Tasche aus Oberstoff arbeiten.

2 Die Tasche aus Futterstoff wenden und in die Tasche aus Oberstoff schieben, sodass die Stoffe rechts auf rechts liegen. Die Stoffe am oberen Rand zusammennähen; dabei eine Lücke zum Wenden der Tasche lassen.

3 Die Anorakkordel in der Mitte teilen und auf jeder Seite der Tasche auf die Nahtzugabe nähen. Die Kordel dabei nicht ganz bis zur Seitennaht der Tasche festnähen. Die Kordel verhindert später, dass der Stoff aus dem Metallrahmen rutscht. Erst jetzt die Tasche auf rechts wenden und die Wendeöffnung von Hand schließen.

4 Textilkleber auf einer Seite in die Kerbe des Taschenbügels streichen und den Klebstoff leicht antrocknen lassen (siehe Herstellerhinweise). Dann den mit Kordel verstärkten Rand der Tasche in die Kerbe des Taschenbügels schieben; dabei in der Mitte einer Taschenseite beginnen und zunächst die Seite arbeiten. Am einfachsten geht dies mit einem großen, sauberen Schraubendreher. Den Klebstoff trocknen lassen, bevor mit der anderen Seite der Tasche ebenso verfahren wird.

5 Die Ränder des Taschenbügels mit einer Zange zusammendrücken; dabei zum Schutz des Taschenbügels Pappe, mehrere Schichten Stoff oder einen Rest Decovil I auflegen. Dabei vorsichtig vorgehen, damit wirklich nur die Ränder des Taschenbügels und nicht die ganzen Taschenbügel zusammengedrückt werden.

1
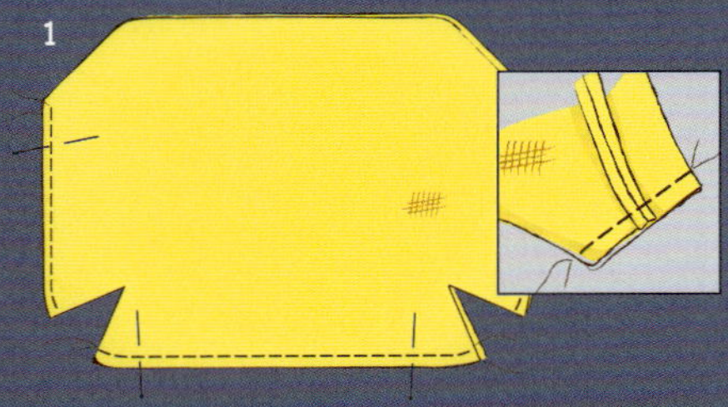

2
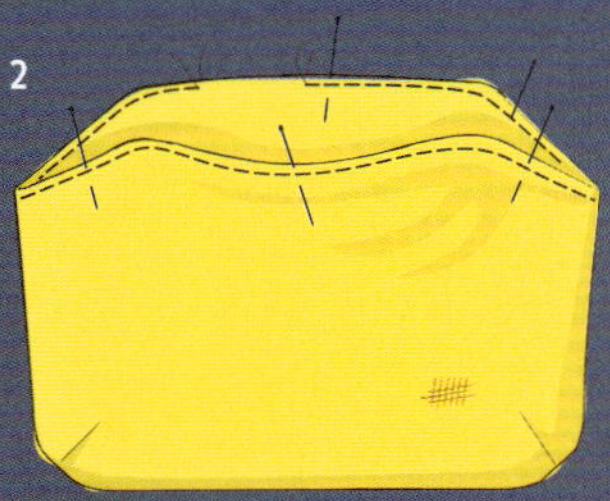

3

4

5
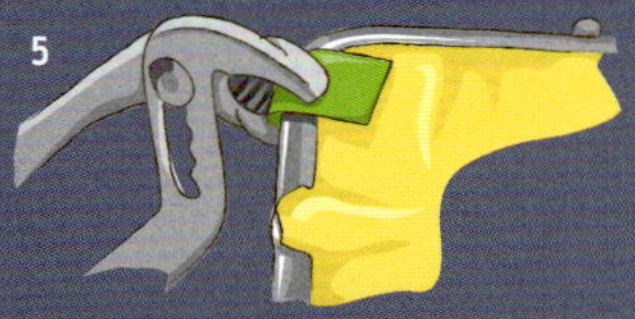

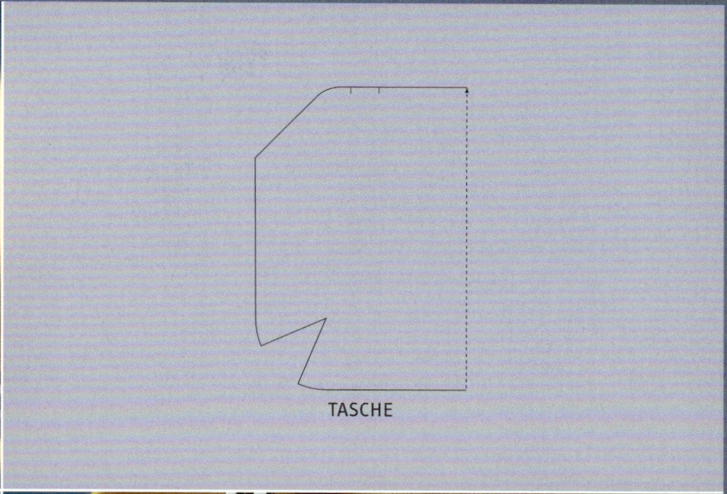

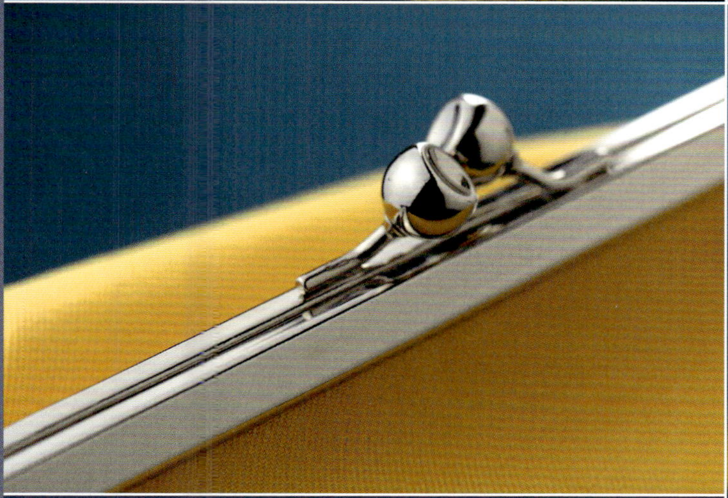

Oberstoff	je 2x Schnittteil „Frame“ Tasche im Stoffbruch
Futterstoff	je 2x Schnittteil „Frame“ Tasche im Stoffbruch
Vlieseinlage	je 2x Schnittteil „Frame“ Tasche im Stoffbruch

Clutch

Clutch bedeutet so viel wie „(um-)klammern". Die Clutch ist also eine Tasche, die man sich unter den Arm klemmt oder die man in der Hand hält. Die meisten Clutchbags haben keinen Trageriemen, sie können aber über eine Schlaufe für das Handgelenk oder eine Vorrichtung zum Umhängen verfügen. Besonders elegant: die zum Abendkleid passende Clutch.

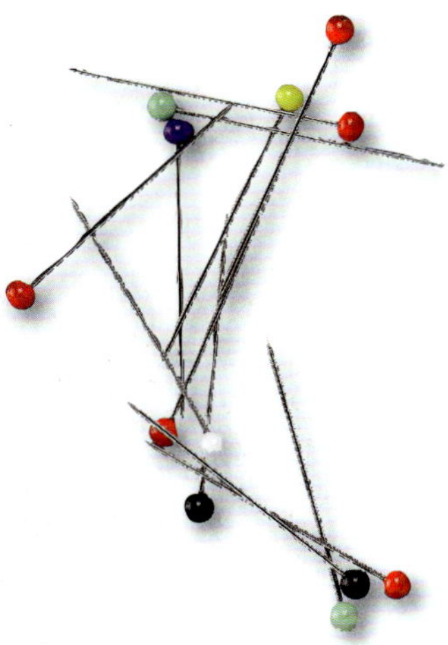

SCHWIERIGKEITSGRAD 1

GRÖSSE

28 cm x 13 cm

MATERIAL

- Oberstoff: Baumwollstoff, 40 cm x 50 cm
- Futterstoff: Baumwollstoff, 40 cm x 50 cm
- Vlieseinlage: Vlieseline H 250, 40 cm x 50 cm
- Druckknopf, ø 12 mm

SCHNITTMUSTERBOGEN A

So gelingt die Clutch

NAHTZUGABEN

Stoffe und Vlieseinlage mit 1 cm Nahtzugabe zuschneiden.

ANLEITUNG

1 Die Vlieseinlage auf die Rückseite des Futterstoffes bügeln. Für die Klappe die Klappenteile aus Oberstoff und Futterstoff rechts auf rechts legen und entlang dem Bogen zusammennähen. Dann die Klappe auf rechts wenden und am Rand knappkantig absteppen.

2 Für die Tasche die beiden Taschenteile aus Oberstoff rechts auf rechts legen und die Seitennähte und die Bodennaht schließen. Dann auf beiden Seiten jeweils die Seiten- und die Bodennaht auseinanderfalten und die Seitennaht auf die Bodennaht legen. So liegen die Kanten für die Abnäher aufeinander. Diese Öffnungen gemäß Zeichnung mit einer Steppnaht schließen. Mit den Taschenteilen aus Futterstoff ebenso verfahren.

3 Die Tasche aus Oberstoff auf rechts wenden und die Klappe feststecken. Es liegt Oberstoff auf Oberstoff. Der Bogen der Klappe befindet sich auf der linken Seite, nach dem Wenden wird dieser jedoch auf der rechten Seite der Tasche liegen. Die Tasche aus Oberstoff mit der Klappe in die auf links gewendete Tasche aus Futterstoff schieben. Futterstoff und Oberstoff liegen nun in der Tasche rechts auf rechts aufeinander.

4 Die Außentasche und die Futtertasche am oberen Rand aneinander nähen, dabei eine Öffnung zum Wenden der Tasche lassen. Die Klappe wird dabei mit angenäht.

5 Die Tasche durch die Öffnung auf rechts wenden und die Futtertasche sorgfältig in die Außentasche schieben. Dann die Nahtzugabe an der noch offenen Stelle nach innen schlagen und den oberen Taschenrand knappkantig absteppen. Zum Schluss die Druckknopfoberseite gemäß Schnittmuster auf der Klappe befestigen. Die Stelle für die Druckknopfunterseite auf der Tasche bestimen und diese ebenfalls fixieren.

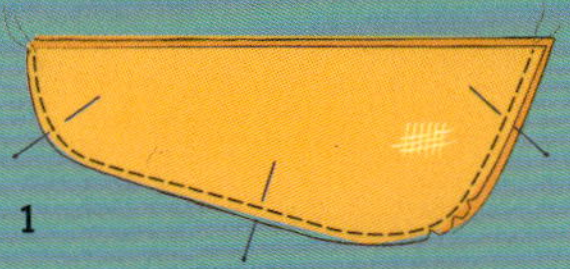

1

2

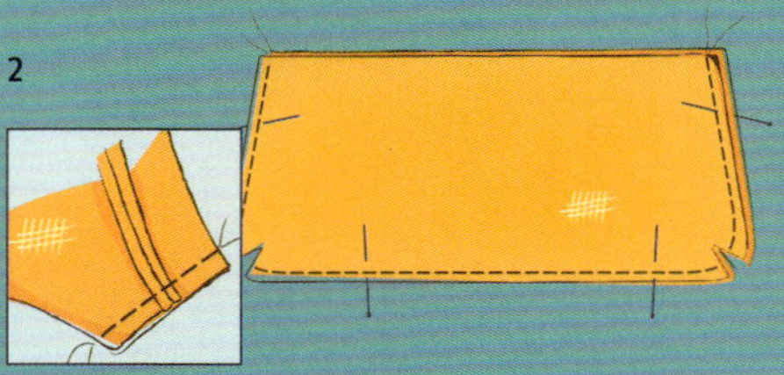

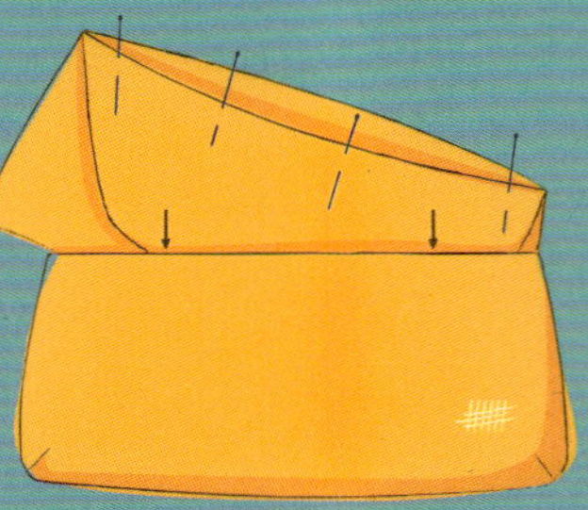

3

4

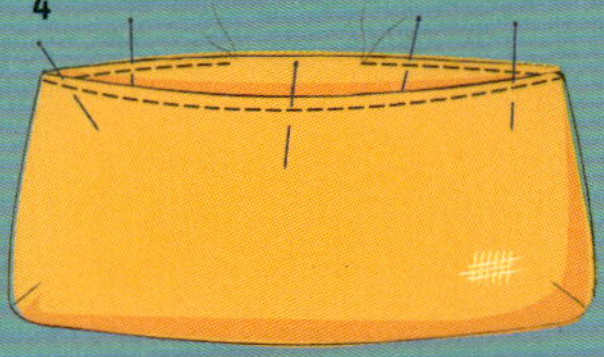

5

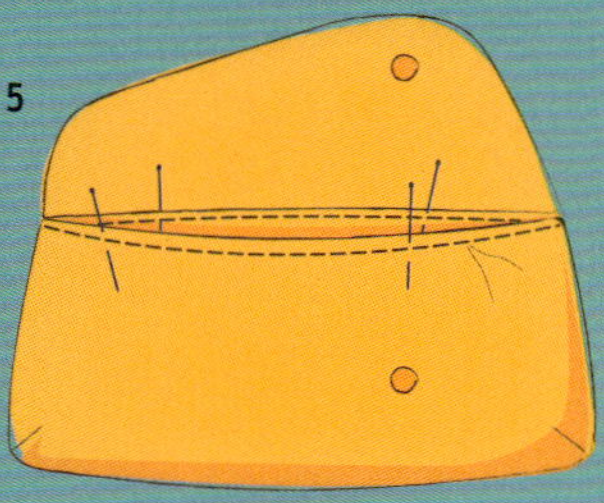

Oberstoff	2x Schnittteil „Clutch“ Tasche
	1x Schnittteil „Clutch“ Klappe
Futterstoff	2x Schnittteil „Clutch“ Tasche
	1x Schnittteil „Clutch“ Klappe
Vlieseinlage	2x Schnittteil „Clutch“ Tasche
	1x Schnittteil „Clutch“ Klappe

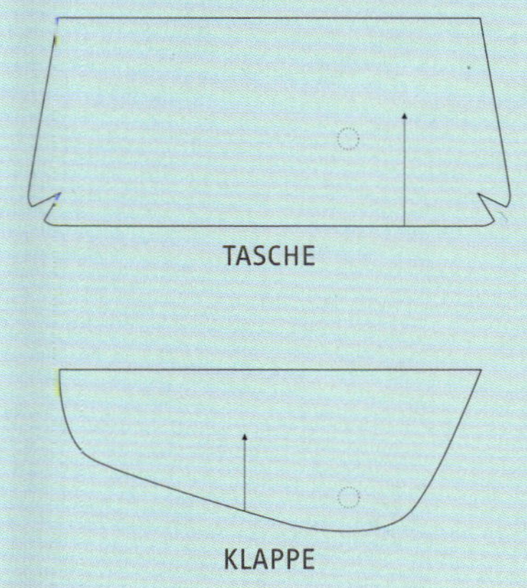

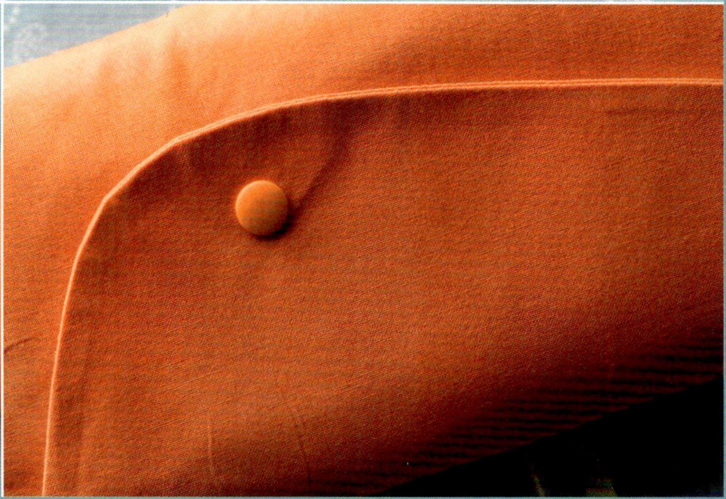

Weekender

Mit dem Weekender fährt man, wie der Name schon verrät, in den Kurzurlaub am Wochenende. Er hat hierfür genau die richtige Größe. Der Weekender ist entweder mit zwei längeren Henkeln oder mit kürzeren Henkeln und einem zusätzlichen Schulterriemen ausgestattet. Er wird in der Hand oder über der Schultern getragen.

SCHWIERIGKEITSGRAD 3

GRÖSSE

54 cm x 45 cm x 16 cm

MATERIAL

- Oberstoff: Baumwollstoff, 90 cm x 160 cm
- Futterstoff: Baumwollstoff, 82 cm x 160 cm
- Vlieseinlage: Vlieseline H 250 und H 630, je 90 cm x 140 cm
- Reißverschluss, teilbar, 50 cm lang
- Vlieseline Bundfix, 4 cm breit, 320 cm lang
- Decovil I, 50 cm x 20 cm

SCHNITTMUSTERBOGEN A+B

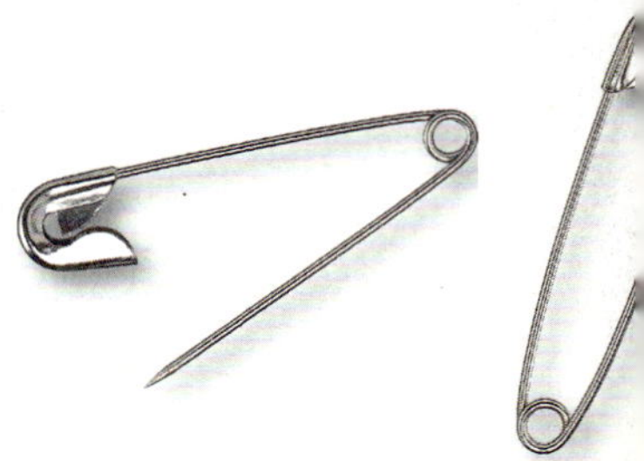

So gelingt der Weekender

1

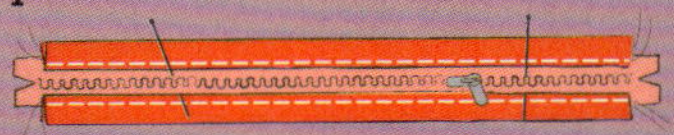

2

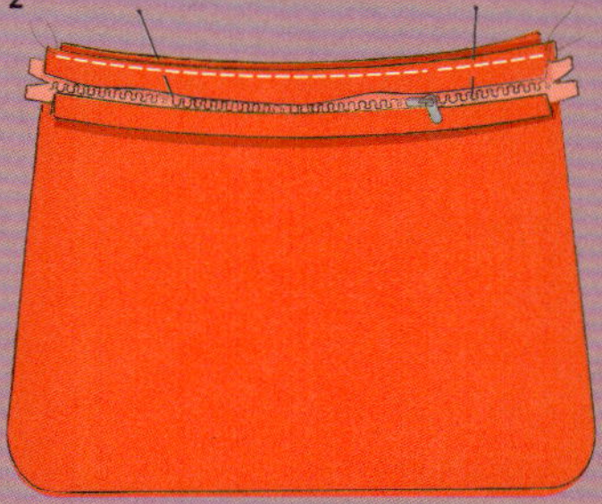

3

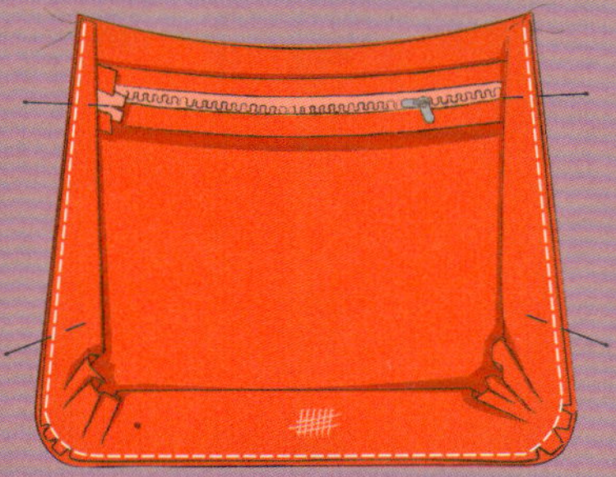

4

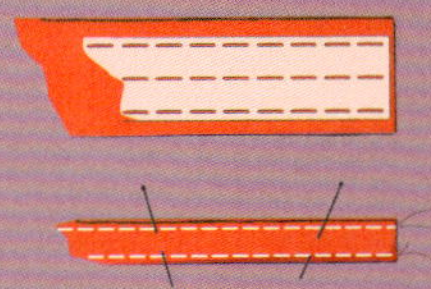

5

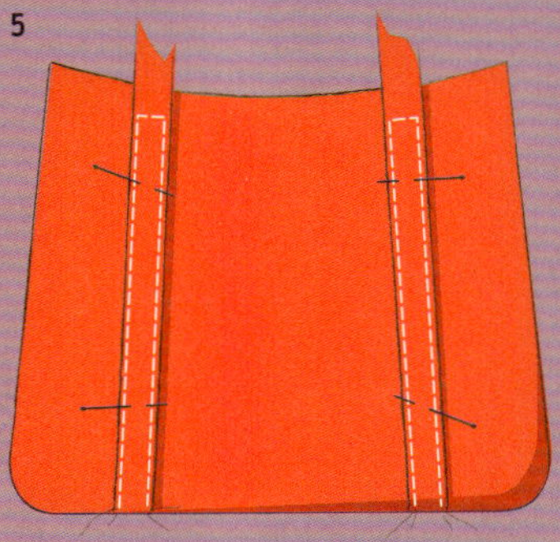

NAHTZUGABEN

Stoffe und Vlieseinlagen mit 1 cm Nahtzugabe zuschneiden, Decovil I ohne Nahtzugabe zuschneiden.

ANLEITUNG

1 Die Vlieseinlagen auf die Rückseiten der jeweiligen Stoffzuschnitte bügeln. Den Zuschnitt Seite Vlieseinlage an die beiden Enden des Zuschnitts Seite aus Futterstoff bügeln. Der mittlere Teil des Zuschnitts Seite bleibt frei für das Decovil I, das erst später eingebügelt wird. Die Zuschnitte für den Reißverschlusssteg längs zusammenfalten und bügeln und gemäß der Abbildung an den Reißverschluss annähen.

2 Zuerst die Tasche aus Futterstoff nähen: Die Blende des Reißverschlusses rechts auf rechts auf die Tasche Futter legen, den Reißverschluss mit der rechten Seite nach oben dazwischen schieben und dann alles am Rand zusammennähen. Falls ein teilbarer Reißverschluss verwendet wird, die Seiten teilen und die andere Seite auf die gleiche Weise verarbeiten.

3 Die Seite Futter an die Tasche Futter nähen: Dabei zunächst den Stoffbruch des Seitenteils rechts auf rechts unten auf die Taschenmitte legen. Von dort aus beginnend, das Seitenteil rechts und links nach und nach an die Tasche stecken und beide Stoffteile zusammennähen. Den anderen Stoffzuschnitt Tasche Futter nach dem gleichen Prinzip annähen. Erst dann den Boden mit dem Decovil I verstärken.

4 Für die Träger das Bundfix auf die Rückseite des Oberstoffes des Trägers bügeln. Damit der Träger verstärkt ist, einen knapp 4 cm breiten und 160 cm langen Streifen aus Volumenvlies zuschneiden und auf das Bundfix aufbügeln. Dann die Seiten des Streifens nach innen falten, den Streifen in der Mitte falten und bügeln. Die Ränder des Trägers absteppen.

5 Nun die Tasche aus Oberstoff fertigen: Die beiden Träger wie im Schnittmuster markiert auf je ein Schnittteil Tasche aus Oberstoff legen, mit Stecknadeln fixieren (evtl. die Länge des Trägers anpassen) und festnähen. Die Nähte jeweils ca. 5 cm vor dem oberen Rand der Tasche beenden.

6 Die beiden Seitenteile annähen und wie in Schritt 3 bei der Anfertigung der Tasche aus Futterstoff beschrieben verarbeiten.

7 Die Tasche aus Futterstoff auf rechts wenden, in die Tasche aus Oberstoff schieben und mit Stecknadeln fixieren. Dann die beiden Teile der Tasche am oberen Rand zusammennähen; dabei eine Öffnung zum Wenden lassen.

8 Die Tasche durch die Wendeöffnung auf rechts wenden und bügeln. Den oberen Rand der Tasche knappkantig absteppen.

6

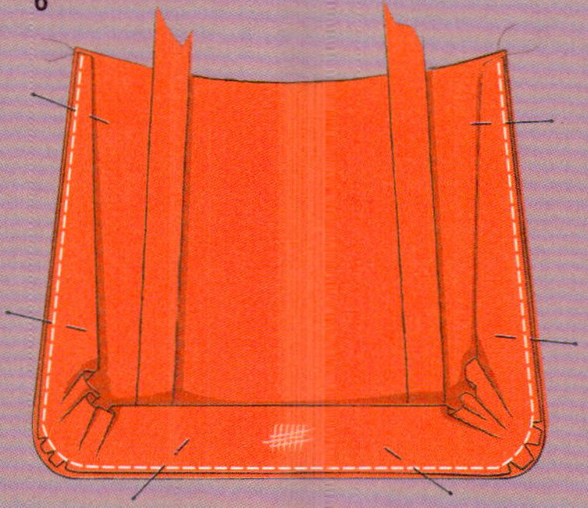

7

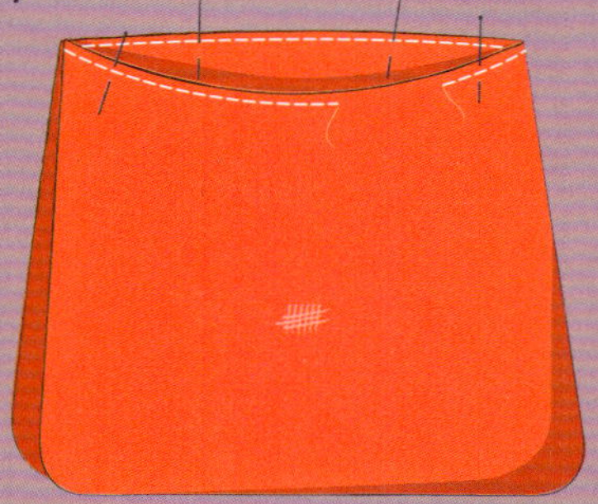

8

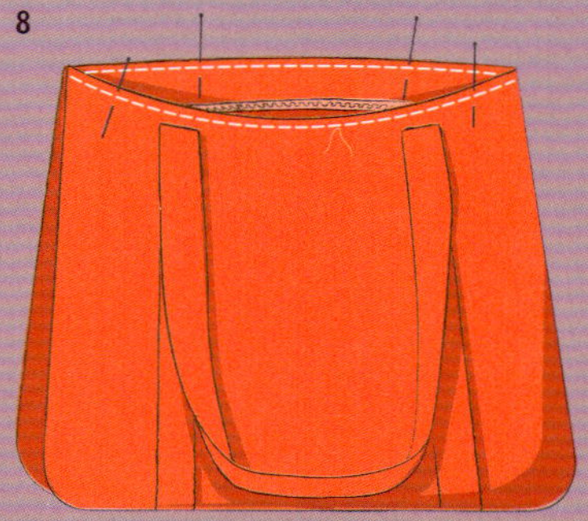

9

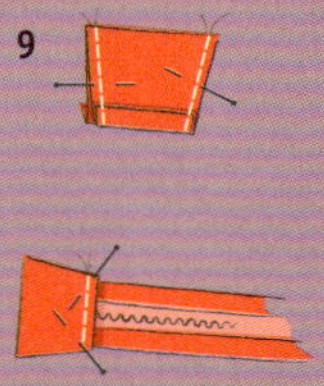

9 Die Abschlüsse für die Reißverschlussenden am Stoffbruch falten, sodass die rechte Seite des Stoffes innen liegt. Die Nahtzugaben am unteren Rand nach oben (außen) legen, die Seitennähte der Abschlüsse steppen und die Teile auf rechts wenden. Den Reißverschluss schließen. Auf jedes Ende des Reißverschlusses einen Abschluss schieben und die offenen Kanten verschließen.

TIPPS

Da diese Tasche relativ groß ist, verwenden Sie möglichst stärkere Stoffe, wie z. B. Jeans bzw. Denim. Falls Sie für den Oberstoff der Tasche einen dünnen Stoff auswählen, sollten Sie unbedingt einen starken Futterstoff verarbeiten.
Falls der Stoff nicht lang genug ist, um daraus den Stoff für die Träger zuzuschneiden, können Sie den Träger aus mehreren Stoffstreifen zusammenstückeln. Verstecken Sie ganz einfach die Stellen, wo diese zusammengenäht sind, unter einem dekorativen Webband, z. B. mit kleinen roten Herzen (siehe Foto).

Oberstoff	2x Schnittteil „Weekender“ Tasche im Stoffbruch
	2x Schnittteil „Weekender“ Steg Reißverschluss
	1x Schnittteil „Weekender“ Seite im Stoffbruch
	2x Schnittteil „Weekender“ Blende
	2x Streifen für Träger, 160 cm x 12 cm
	2x Schnittteil „Weekender“ Abschluss Reißverschluss im Stoffbruch
Futterstoff	2x Schnittteil „Weekender“ Tasche Futter im Stoffbruch
	1x Schnittteil „Weekender“ Seite im Stoffbruch
Decovil I	1x Streifen für Boden, 45 cm x 16 cm
Vlieseinlage H 250	2x Schnittteil „Weekender“ Tasche Futter im Stoffbruch
	1x Schnittteil „Weekender“ Seite Vlieseinlage im Stoffbruch
	2x Schnittteil „Weekender“ Steg Reißverschluss
	2x Schnittteil „Weekender“ Abschluss Reißverschluss im Stoffbruch
	2x Schnittteil „Weekender“ Blende
Vlieseinlage H 630	2x Schnittteil „Weekender“ Tasche im Stoffbruch
	1x Schnittteil „Weekender“ Seite im Stoffbruch

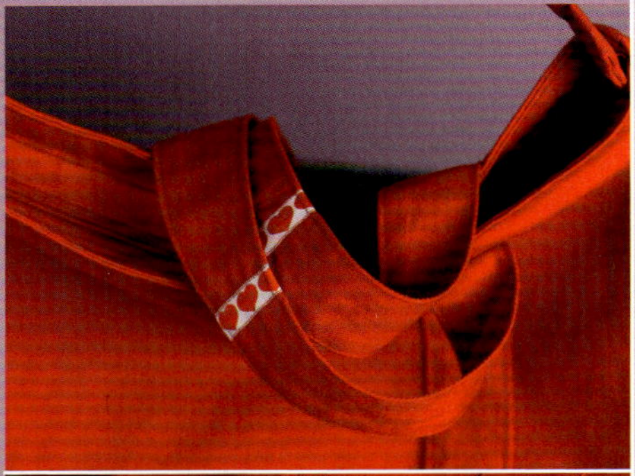

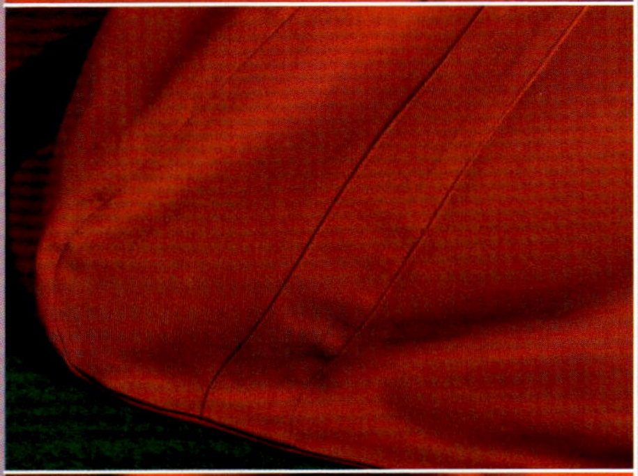

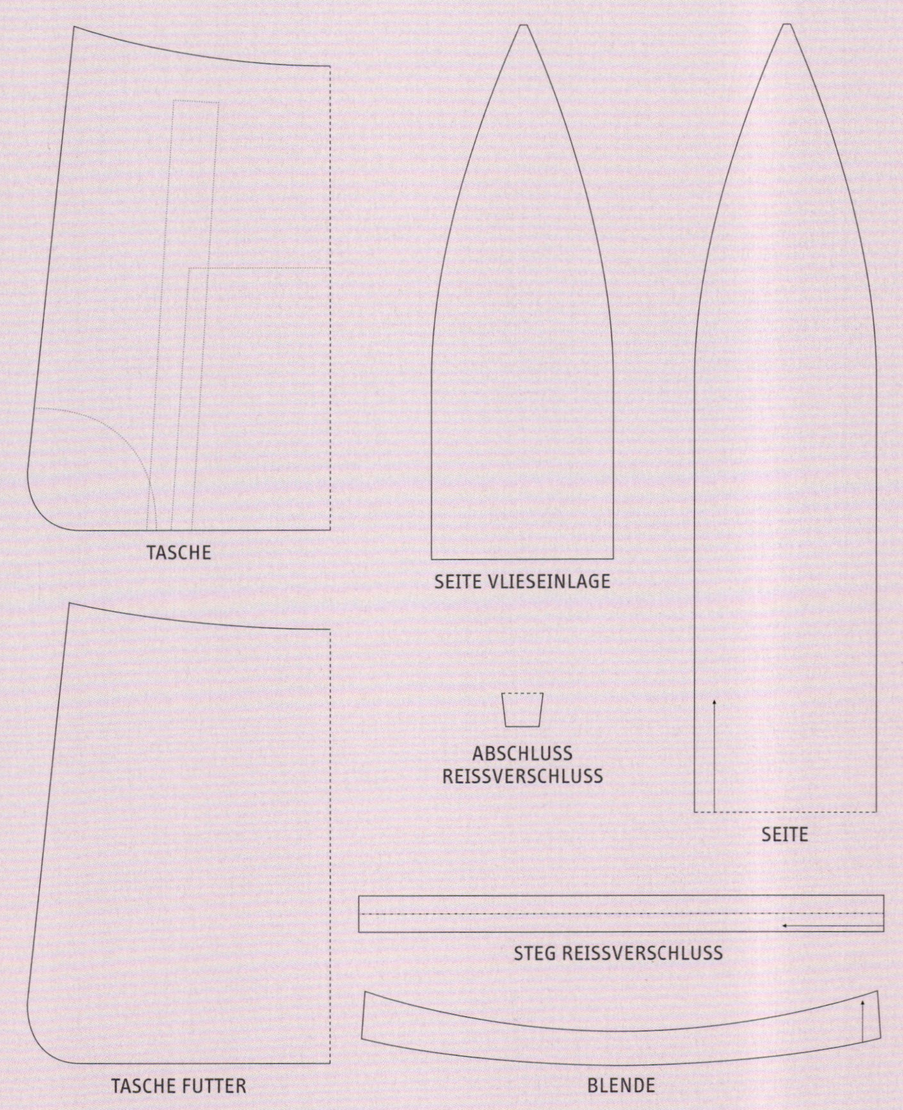
TASCHE
SEITE VLIESEINLAGE
TASCHE FUTTER
ABSCHLUSS
REISSVERSCHLUSS
SEITE
STEG REISSVERSCHLUSS
BLENDE

Rucksack (Beschreibung Seite 26-29)

Oberstoff	1x Schnittteil „Rucksack“ Vorderseite
	1x Schnittteil „Rucksack“ Rückenteil
	1x Schnittteil „Rucksack“ Aufhänger
	1x Schnittteil „Rucksack“ Deckel 1 im Stoffbruch
	1x Schnittteil „Rucksack“ Deckel 2 im Stoffbruch
	1x Schnittteil „Rucksack“ Seite und Boden im Stoffbruch
	2x Schnittteil „Rucksack“ Verstärkungsstreifen
	je 2x Schnittteil „Rucksack“ Schlüsseltasche 1
	2 x Schnittteil „Rucksack“ Träger
Futterstoff	1x Schnittteil „Rucksack“ Vorderseite
	1x Schnittteil „Rucksack“ Rückenteil
	1x Schnittteil „Rucksack“ Deckel 1 im Stoffbruch
	1x Schnittteil „Rucksack“ Deckel 2 im Stoffbruch
	1x Schnittteil „Rucksack“ Seite und Boden im Stoffbruch
Vlieseinlage H 250	1x Schnittteil „Rucksack“ Vorderseite
	1x Schnittteil „Rucksack“ Rückenteil
	1x Schnittteil „Rucksack“ Deckel 1 im Stoffbruch
	1x Schnittteil „Rucksack“ Deckel 2 im Stoffbruch
	1x Schnittteil „Rucksack“ Seite und Boden im Stoffbruch
	je 2x Schnittteil „Rucksack“ Schlüsseltasche 1
	1x Schnittteil „Rucksack“ Aufhänger
	2x Schnittteil „Rucksack“ Verstärkungsstreifen
Vlieseinlage H 630	1x Schnittteil „Rucksack“ Vorderseite
	1x Schnittteil „Rucksack“ Rückenteil
	1x Schnittteil „Rucksack“ Deckel 1 im Stoffbruch
	1x Schnittteil „Rucksack“ Deckel 2 im Stoffbruch
	1x Schnittteil „Rucksack“ Seite und Boden im Stoffbruch
	2x Schnittteil „Rucksack“ Träger

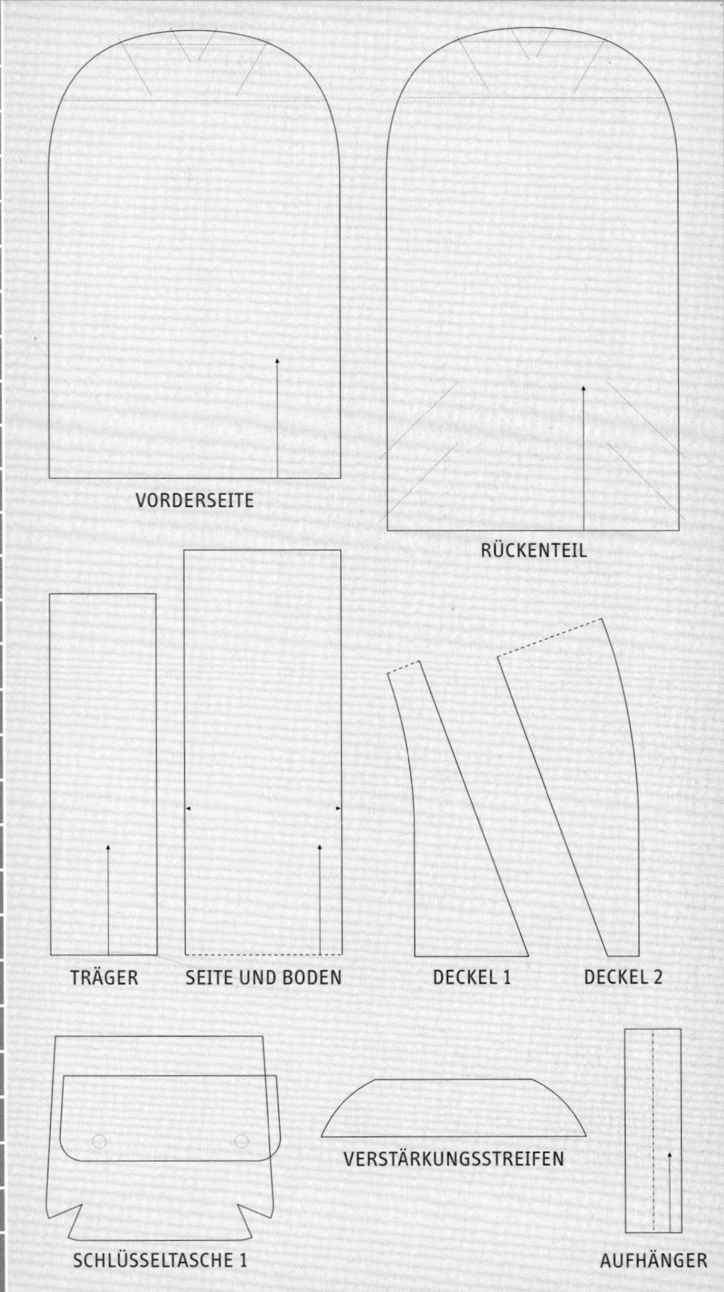

Rucksack

SCHWIERIGKEITSGRAD 3

GRÖSSE

26 cm x 45 cm x 14 cm

MATERIAL

- Oberstoff: Baumwollstoff, 110 cm x 100 cm
- Futterstoff: Baumwollstoff, 110 cm x 100 cm
- Vlieseinlage: Vlieseline H 250 und H 630, je 110 cm x 100 cm
- 2 Druckknöpfe, ø 12 mm
- Reißverschluss, 60 cm lang
- Gurtband, 4 cm breit, 110 cm lang
- Autogurt (Sicherheitsgurt), 4 cm breit, 110 cm lang
- 2 Leiterschnallen, 4 cm breit

SCHNITTMUSTERBOGEN A

Ein Rucksack wird mit zwei Trageriemen auf dem Rücken getragen. Für sportliche Unternehmungen, oder wenn man viel Gepäck dabei hat, gibt es nichts Praktischeres!

Der Sling Rucksack hat im Gegensatz zum normalen Rucksack nur einen Trageriemen und wird diagonal über dem Körper getragen.

So gelingt der Rucksack

NAHTZUGABEN

Stoffe und Vlieseinlagen mit 1 cm Nahtzugabe zuschneiden.

ANLEITUNG

1 Die Vlieseinlagen auf die Rückseiten der Stoffzuschnitte bügeln. Sollten Zuschnitte aus Vlieseinlage H 250 und H 630 vorhanden sein, wird die Vlieseinlage H 250 auf die Zuschnitte aus Futterstoff gebügelt, die Vlieseinlage H 630 auf die Zuschnitte aus Oberstoff. Die Zuschnitte für die Schlüsseltasche rechts auf rechts legen und die Seitennähte und die Bodennaht der Schlüsseltasche schließen. Dann auf beiden Seiten die Seitennaht auf die Bodennaht legen und die Abnäher gemäß Abbildung schließen. Die Schlüsseltasche auf rechts wenden und den oberen Rand absteppen. Anschließend die Zuschnitte für die Klappe der Schlüsseltasche ebenfalls rechts auf rechts legen. Den Rand schließen; dabei eine Öffnung zum Wenden lassen. Die Klappe auf rechts wenden und die Seiten und den Boden der Klappe knappkantig absteppen.

2 Die Schlüsseltasche auf das Vorderteil des Rucksacks (aus Oberstoff) legen und mit Stecknadeln fixieren. Darauf achten, dass die Tasche nicht zu stramm gezogen wird; sie soll später Volumen haben. Dann die Tasche knappkantig an den Seiten und am Boden festnähen. Als Nächstes die Klappe oberhalb der Schlüsseltasche fixieren und absteppen. Zum Schluss die Druckknöpfe befestigen: zuerst wie im Schnittmuster markiert an der Klappe, dann, nach Abmessen der genauen Stelle, auf der Schlüsseltasche.

3 Zwei Träger fertigen: Dazu den Streifen für den Träger längs rechts auf rechts falten und die lange Seite des Streifens schließen. Den Streifen auf rechts drehen und das untere Ende des Streifens 1 cm breit nach innen falten. Das Gurtband in der Mitte halbieren. Eines der Gurtstücke durch den Streifen ziehen, sodass das Gurtband am oberen Ende des Stoffstreifens nur wenige Zentimeter übersteht. Das untere Ende des Gurtbandes von oben durch den zweiten Schlitz der Leiterschnalle ziehen. Das Ende des Gurtbandes umklappen, durch den ersten Schlitz der Leiterschnalle zurückführen und in den Stoffstreifen schieben. Stoffstreifen und Gurtband an dieser Stelle zusammennähen. Eine weitere Naht mittig auf den Träger aufnähen, um ihn besser zu fixieren.

4 Den Stoffstreifen für den Aufhänger längs rechts auf rechts falten und die lange Seite des Streifens schließen. Den Aufhänger auf rechts drehen und die Ränder des Aufhängers absteppen.

5 Die Zuschnitte für den Verstärkungsstreifen rechts auf rechts legen und den oberen und unteren Rand schließen. Den Verstärkungsstreifen ebenfalls auf rechts drehen.

6 Die Träger, der Aufhänger und der Verstärkungsstreifen werden nun auf dem Rückenteil des Rucksacks befestigt: Dazu den Verstärkungsstreifen gemäß Schnittmuster auf das Rückenteil aus Oberstoff legen, am unteren Rand mit Stecknadeln fixieren und nur dort annähen. Dann den Aufhänger am oberen Rand zwischen das Rückenteil und den Verstärkungsstreifen legen und mit Stecknadeln fixieren. Die Träger gemäß Abbildung und Schnittmuster auf dem Aufhänger befestigen, sodass sie auf die Rückseiten der Leiterschnallen schauen. Jetzt den oberen Rand des Verstärkungsstreifens annähen und dabei den Aufhänger und die Träger mit befestigen. Den Autogurt in zwei Hälften teilen und ebenfalls, wie in der Abbildung

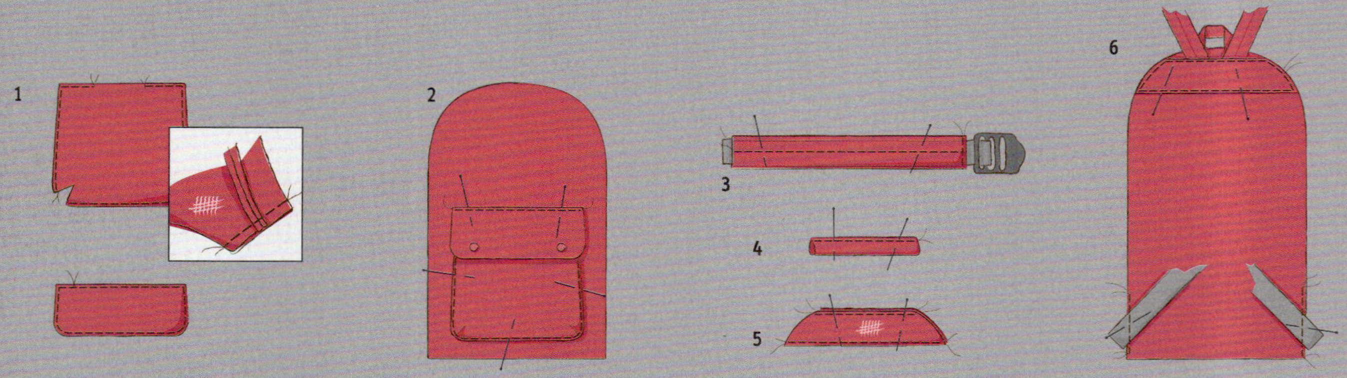

und auf dem Schnittmuster zu sehen, auf die rechte Seite des Rückenteils heften und mit einer Naht fixieren.

7 Vorderseite und Rückenteil des Rucksacks sind jetzt fertig. Jetzt sind die Seiten dran: Bei den beiden Schnittteilen Deckel 1 und Deckel 2 die Nahtzugabe der geraden Seiten zur linken Stoffseite umschlagen und die Schnittteile auf die rechte Seite des Reißverschlusses nähen. Der Zwischenraum zwischen den beiden Schnittteilen, in dem der Reißverschluss liegt, beträgt ca. 1 cm.

8 Den Deckel mit dem Reißverschluss dann rechts auf rechts auf das Schnittteil Seite und Boden legen und die kurzen Seiten schließen. Für einen besseren Halt die überstehenden Enden des Stoffes in Richtung des Seiten- und Bodenteils legen und absteppen.

9 Den entstandenen Ring an die Vorderseite und das Rückenteil des Rucksacks nähen: Die längere Seite mit dem nach außen gewölbten Bogen zeigt zum Rückenteil, die kürzere Seite mit dem nach innen gewölbten Bogen zur Vorderseite der Tasche. Markierungen im Schnittmuster zeigen die unteren Ecken des Rucksacks an. Zunächst die Ecken, dann den Boden und den oberen Teil fixieren und die Stoffteile zusammennähen. Nachdem die Vorderseite und das Rückenteil festgenäht wurden, den Rucksack auf rechts wenden.

10 Das Futter für den Rucksack ebenso wie den Rucksack aus Oberstoff nach den Schritten 7 bis 9 nähen. Dabei anstelle des Reißverschlusses eine 1 cm breite Lücke zwischen den Schnittteilen Deckel 1 und Deckel 2 lassen. Den Rucksack aus Futterstoff auf links belassen und in den Rucksack aus Oberstoff schieben, an der Reißverschlussöffnung mit Stecknadeln fixieren und alle Stoffschichten zusammennähen. Dies ist mit der Maschine möglich, erfordert jedoch etwas Geschick. Leichter, aber langsamer, geht es per Hand.

11 Zum Schluss den Autogurt jeweils durch den mittleren Schlitz der Leiterschnalle von hinten nach vorne und durch den unteren Schlitz wieder nach hinten fädeln, sodass die Träger in der Länge verstellt werden können. Die Enden des Autogurtes jeweils mit einem Feuerzeug leicht schmelzen, damit sie nicht ausfransen, und nach hinten gefaltet vernähen.

7

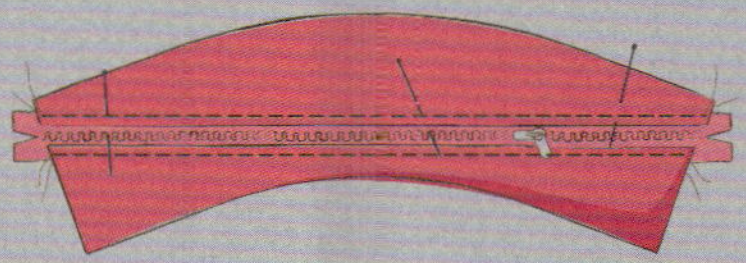

8

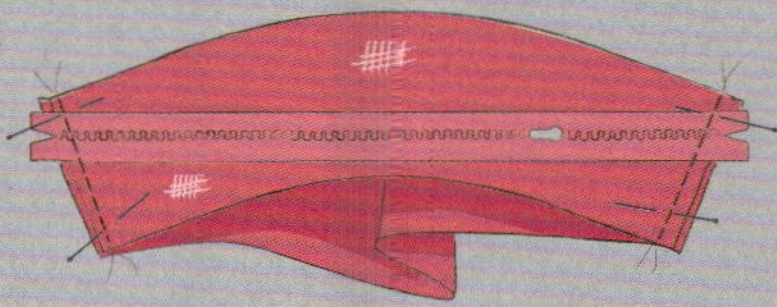

9

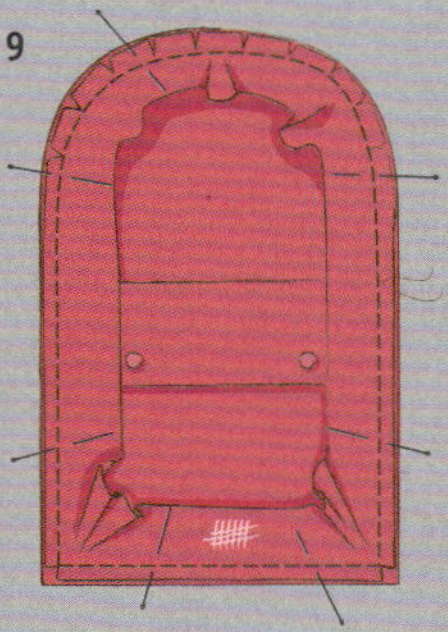

11

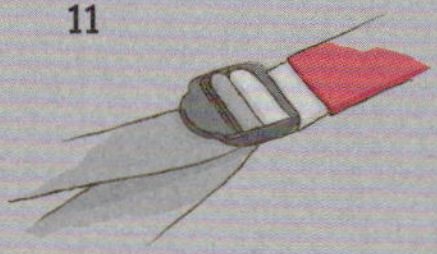

Shopper

Der Shopper ist ein mittelgroßer bis großer „Allesträger". Er ist meist aus robustem Material, ist oben offen und hat zwei Tragehenkel. Die Tragegriffe dieses Shoppers sind bei einer Plastiktüte abgeschaut. Schon dadurch ist die Tasche etwas ganz Besonderes.

SCHWIERIGKEITSGRAD 2

GRÖSSE

32 cm x 40 cm

MATERIAL

- Oberstoff: Baumwollstoff, 60 cm x 90 cm
- Futterstoff: Baumwollstoff, 60 cm x 90 cm
- Vlieseinlage: Vlieseline H 250, 60 cm x 30 cm

SCHNITTMUSTERBOGEN A

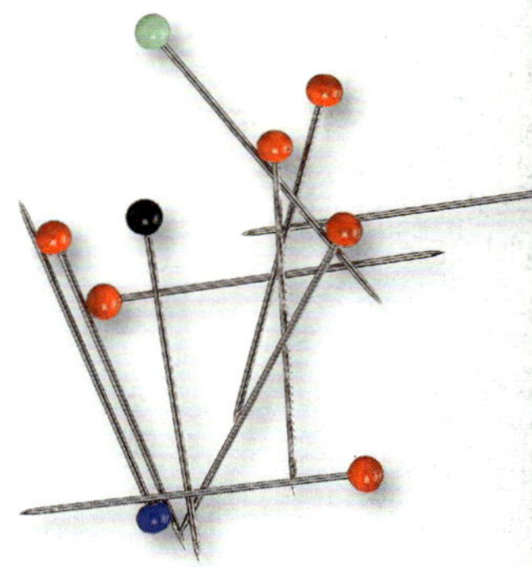

So gelingt der Shopper

NAHTZUGABEN
Stoffe und Vlieseinlage mit 1 cm Nahtzugabe zuschneiden.

ANLEITUNG

1 Die Vlieseinlage auf die Rückseite der Blendenteile bügeln. Dann jeweils ein Blendenteil rechts auf rechts auf ein Taschenteil legen und um den Griffausschnitt herum annähen. Die Blende durch das Loch ziehen, sodass die beiden linken Stoffseiten übereinander liegen und ein sauberer Griffausschnitt entsteht. Die Blende eventuell mit einfachen Heftstichen von Hand an der Tasche fixieren, um ein Verrutschen der Stofflagen zu verhindern. Diesen Schritt beim Futter wiederholen. Hinweis: Je genauer Sie an dieser Stelle arbeiten, desto ordentlicher sehen nachher die Grifflöcher – und somit auch die ganze Tasche – aus.

2 Das Schnittteil für die Außentasche in der Mitte falten, sodass die Stoffteile rechts auf rechts liegen. Am unteren Rand der Tasche einen 5 cm breiten Streifen auf einer Seite nach oben klappen. Dann die beiden Seiten absteppen. Nach dem Wenden wird der Knick in der Mitte liegen.

3 Das Schnittteil für das Futter in der Mitte falten, sodass die rechten Stoffseiten innen aufeinander liegen. Den 5 cm breiten Bodenstreifen nun gemäß Abbildung in die Mitte legen. Dann die beiden Bodenteile einzeln absteppen. Den oberen Teil der Tasche ebenfalls einzeln absteppen. Auf jeder Seite der Tasche befinden sich nun drei einzelne Nähte. Von der Seite betrachtet sieht das Futter aus wie ein auf dem Kopf stehendes Y. Die geteilten Bodenteile können später in die Tasche aus Oberstoff geschoben werden.

4 Die Tasche aus Futterstoff auf rechts wenden und in die Tasche aus Oberstoff schieben. Dann am oberen Rand Futter- und Oberstoff zusammennähen. Eine Wendeöffnung ist nicht erforderlich.

5 Die Taschen durch das Griffloch auf rechts wenden und die Tasche aus Futter in die Tasche aus Oberstoff schieben. Dann den oberen Rand absteppen. Zum Schluss die Grifflöcher möglichst genau übereinander legen und auf jeder Seite Ober- und Futterstoff mit den Hilfsblenden zusammennähen. Die Heftfäden evtl. entfernen.

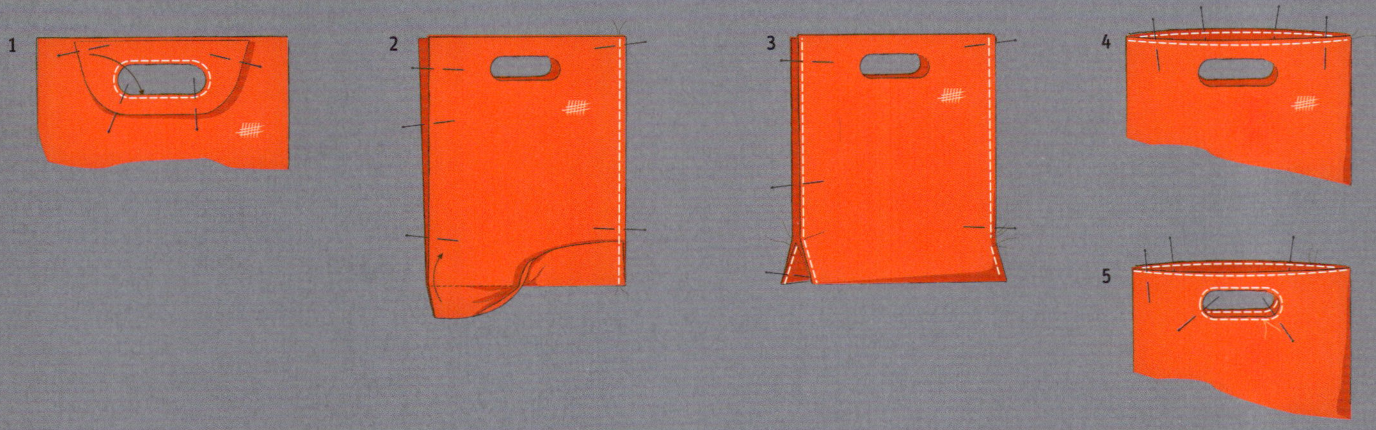

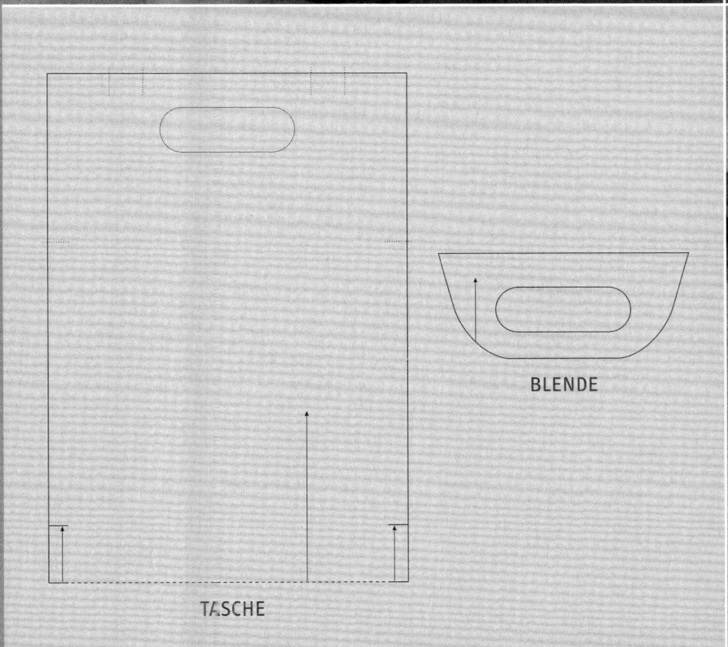

Oberstoff	1x Schnittteil „Shopper“ Tasche im Stoffbruch
	2x Schnittteil „Shopper“ Blende
Futterstoff	1x Schnittteil „Shopper“ Tasche im Stoffbruch
	2x Schnittteil „Shopper“ Blende
Vlieseinlage	4x Schnittteil „Shopper“ Blende

Baguette (Barrel, Roll Bag)

Ob Baguette, Barrel oder Roll Bag: Die unterschiedlichen Namen dieser Tasche deuten schon auf ihre Zylinderform hin. Das englische „Barrel“ bedeutet Fass, Tonne oder Rohr. Und wie das französische Weißbrot „Baguette“ wird auch diese Tasche unter dem Arm getragen. Sie kann zwei kleinere Henkel oder einen etwas längeren Henkel haben.

SCHWIERIGKEITSGRAD 2

GRÖSSE

30 cm x 17 cm x 14 cm

MATERIAL

- Oberstoff: Baumwollstoff, 60 cm x 82 cm
- Futterstoff: Baumwollstoff, 60 cm x 82 cm
- Vlieseinlage: Vlieseline H 250, 60 cm x 70 cm, und H 630, 60 cm x 70 cm
- Fischbeinstab, 60 cm lang
- 2 Trägerschnallen, 4 cm breit
- Vlieseline Bundfix, 4 cm breit, 70 cm lang
- Reißverschluss, 35 cm lang

SCHNITTMUSTERBOGEN A

So gelingt die Baguette

NAHTZUGABEN
Stoffe und Vlieseinlagen mit 1 cm Nahtzugabe zuschneiden.

ANLEITUNG

1 Die Vlieseinlage H 250 auf die Rückseite der Zuschnitte aus Futterstoff, das Volumenvlies auf die Rückseite der Zuschnitte aus Oberstoff bügeln. Den Reißverschluss rechts auf rechts auf eine der kurzen Seiten des Schnittteiles Body legen. Den Rand des Reißverschlusses an den Stoff nähen und den Stoff an der Naht falten. Dann den anderen Rand des Reißverschlusses an die andere kurze Seite des Schnittteiles Body nähen, sodass eine Röhre mit Reißverschluss entsteht.

2 Den Body und ein Schnittteil Taschenseite rechts auf rechts legen; dabei die Markierungen aufeinander legen. Mit Stecknadeln fixieren und festnähen. Die Nahtzugabe des Bodys einige Millimeter tief einschneiden, um die Bögen zu formen. Mit der zweiten Taschenseite ebenso verfahren.

Für einen besseren Stand der Tasche den Fischbeinstab in der Mitte teilen und von Hand an die Nahtzugabe neben dem Reißverschluss nähen. Dann die Tasche auf rechts wenden.

3 Für die Tasche aus Futterstoff die kurzen Seiten des Schnittteils Bodys ca. 1,5 cm breit nach links falten und bügeln. Dann, wie in Schritt 2 beschrieben, den Body an die Taschenseiten annähen. Das Einnähen des Fischbeinstabes entfällt. Die Tasche aus Futterstoff in die Tasche aus Oberstoff schieben und beides direkt neben dem Reißverschluss zusammennähen. Dies ist mit der Maschine möglich, erfordert jedoch etwas Geschick. Leichter, aber langsamer, geht es per Hand.

4 Für den Trageriemen das Bundfix auf die Rückseite des Oberstoffes bügeln. Für etwas stärkere Träger einen ca. 4 cm breiten und 70 cm langen Streifen aus Volumenvlies zuschneiden und auf das Bundfix aufbügeln. Dann die Seiten des Streifens zur Mitte falten, den Streifen in der Mitte falten und bügeln. Die Ränder des Trägers absteppen.

5 Je zwei Trägerhalter rechts auf rechts legen, die Seiten- und Bodennähte schließen und den Trägerhalter auf rechts drehen.

6 Den Trägerhalter jeweils durch die Trägerschnalle ziehen, den oberen Rand des Trägerhalters nach hinten falten. Den Trägerhalter auf die jeweilige Taschenseite annähen, dabei den gefalteten Teil mit fixieren. Zum Schluss den Träger auf einer Seite von oben durch die Schnalle ziehen, das Ende des Trägers nach hinten klappen und den Träger festnähen. Den Träger auf die gewünschte Länge kürzen und auf dieselbe Weise an der anderen Trägerschnalle befestigen.

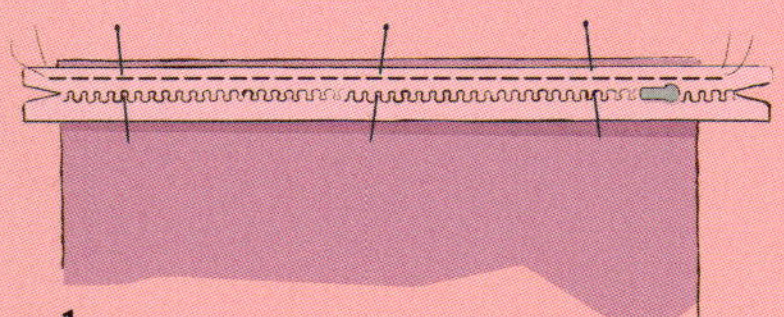
1

2

3
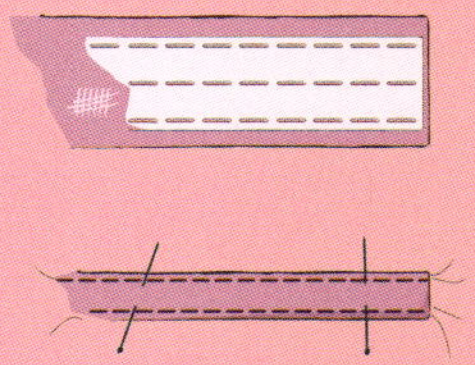

4
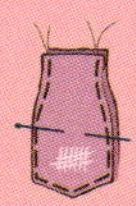

5
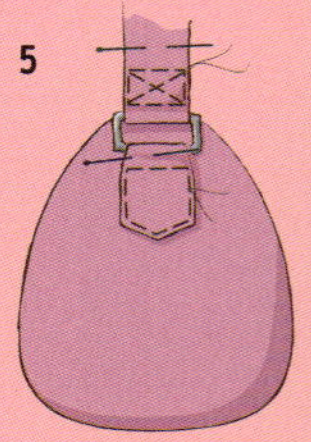

Oberstoff	1x Schnittteil „Baguette“ Body im Stoffbruch
	2x Schnittteil „Baguette“ Taschenseite
	1x Streifen für Träger, 12 cm x 70 cm
	4x Trägerhalter eckig, 4 cm
Futterstoff	1x Schnittteil „Baguette“ Body im Stoffbruch
	2x Schnittteil „Baguette“ Taschenseite
Vlieseinlagen	je 1x Schnittteil „Baguette“ Body im Stoffbruch
	je 2x Schnittteile „Baguette“ Taschenseite

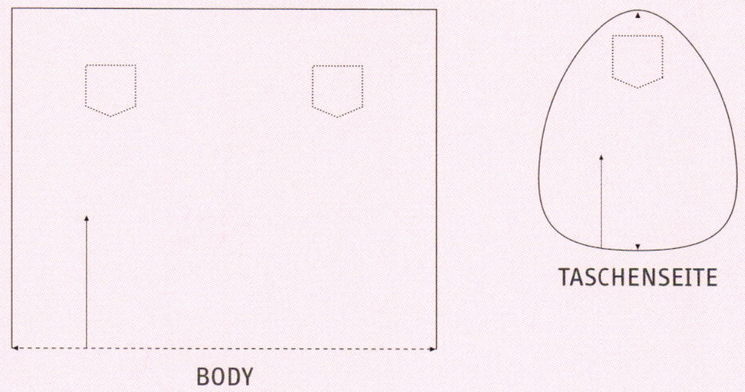

Porte-monnaie

Das Wort „Portemonnaie" stammt aus dem frankofonen Sprachraum: „Porter monnaie" bedeutet „Geld tragen". Die Größen von Portemonnaies reichen heute von ganz klein (nur fürs Geld) bis hin zu riesig: Auch Kundenkarten, Kreditkarten, die Gesundheitskarte, Fahrkarten, Kassenbons – und etwas Geld – wollen sicher verstaut sein.

SCHWIERIGKEITSGRAD 3

GRÖSSE

18 cm x 10 cm

MATERIAL

- Oberstoff: Baumwollstoff, 50 cm x 60 cm
- Futterstoff: Baumwollstoff, 50 cm x 60 cm
- Vlieseinlage: Vlieseline H 250, 50 cm x 60 cm
- 2 Druckknöpfe, ø 12 mm

SCHNITTMUSTERBOGEN A

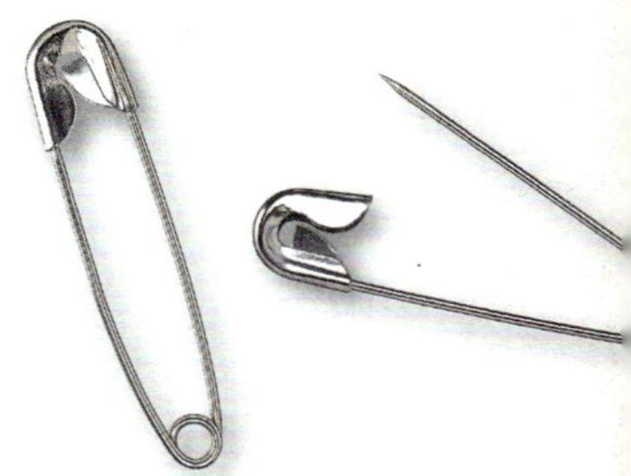

So gelingt das Portemonnaie

NAHTZUGABEN

Stoffe mit 1 cm Nahtzugabe zuschneiden, Vlieseinlage ohne Nahtzugabe ausschneiden, um die Nähte nicht zusätzlich zu verstärken.

ANLEITUNG

1 Die Zuschnitte aus Vlieseinlage auf die Rückseiten der Schnittteile aus Futterstoff bügeln. Die beiden Zuschnitte für die Außentasche rechts auf rechts legen und zusammennähen; dabei eine Wendeöffnung lassen.

2 Die Tasche auf rechts wenden und bügeln. Dann den linken Bogen und den rechten Bogen knappkantig absteppen.

3 Die beiden Flügel wie abgebildet falten und bügeln, dann am Rand möglichst knappkantig absteppen. Die Oberteile der Druckknöpfe nach dem Schnittmuster an der Lasche anbringen.

4 Für die Innenfächer des Portemonnaies je zwei Zuschnitte Innenfach rechts auf rechts legen und jeweils den oberen und den unteren Rand absteppen. Achtung: Die Zuschnitte nicht drehen und versehentlich die rechten und linken Seiten zusammennähen, da dann die Innenfächer nicht ins Portemonnaie passen. Die Innenfächer auf rechts wenden und bügeln.

5 Die beiden Seiten jeweils möglichst knappkantig absteppen. Diese Nähte dienen dazu, dass die Stoffränder später nicht ausfransen.

6 Die Innenfächer genau übereinander legen. Die Flügel der Außentasche nach außen biegen und die Innenfächer zwischen die Flügel legen. Die Markierungslinien der Innenfächer und der Außentasche liegen dabei genau übereinander. An dieser Markierungslinie alles zusammennähen.

7 Die Flügel nach Abbildung zu einer Ziehharmonika bügeln, sodass auf jeder Seite zwei nach außen zeigende und drei nach innen zeigende Falten entstehen.

8 Die Innenfächer in den nach außen zeigenden Falten der Flügel befestigen und die Faltlinien außen absteppen. Dabei mit der Naht jeweils sowohl die Flügel als auch die Innenfächer erfassen. Zum Schluss die Stelle für die Unterteile der Druckknöpfe abmessen und die Unterteile der Druckknöpfe befestigen.

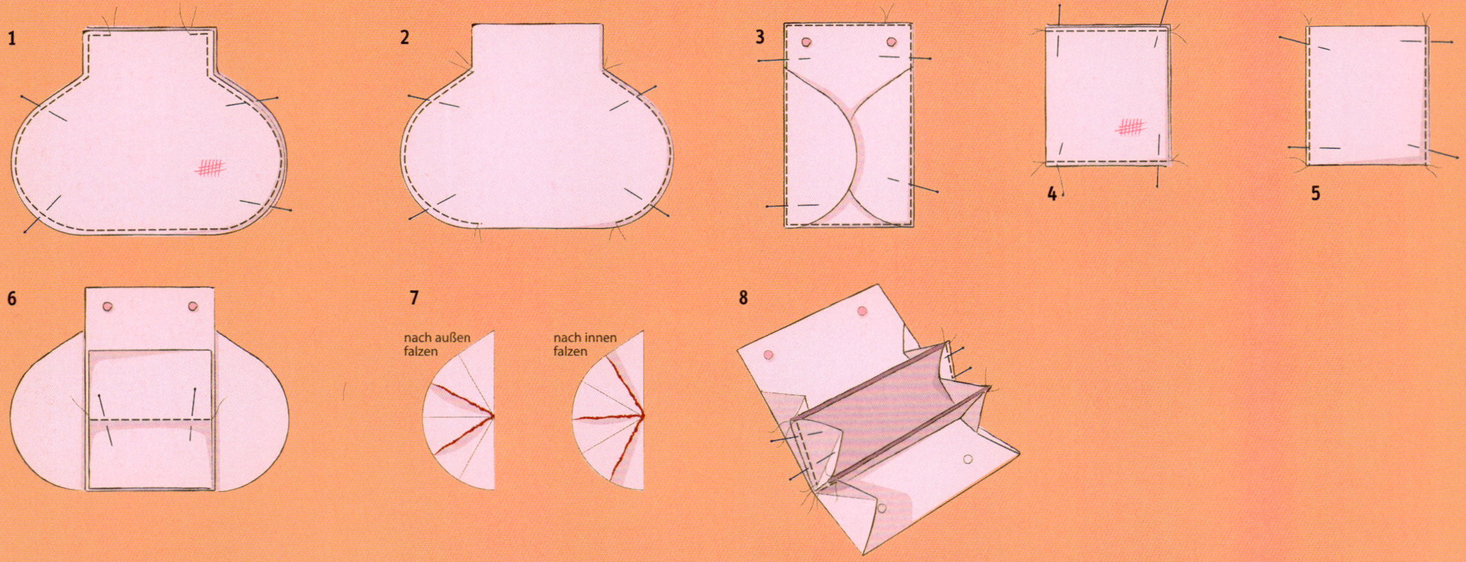

Oberstoff	1x Schnittteil „Portemonnaie“ Außentasche
	2x Schnittteil „Portemonnaie“ Innenfach
Futterstoff	1x Schnittteil „Portemonnaie“ Außentasche
	2x Schnittteil „Portemonnaie“ Innenfach
Vlieseinlage	1x Schnittteil „Portemonnaie“ Außentasche
	2x Schnittteil „Portemonnaie“ Innenfach

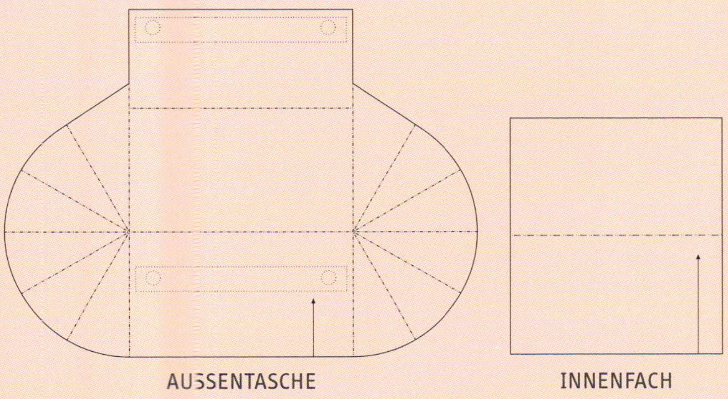

Kosmetiktasche

Eine Kosmetiktasche braucht jede Frau und hat jede Frau. Sie bedarf daher keiner Definition, oder?

SCHWIERIGKEITSGRAD 2

GRÖSSE

18 cm x 15 cm x 11 cm

MATERIAL

- Oberstoff: Baumwollstoff, 70 cm x 50 cm
- Futterstoff: Baumwollstoff, 70 cm x 50 cm
- Vlieseinlage: Vlieseline H 250 und H 630, je 70 cm x 40 cm
- Anorakkordel, ø 6 mm, 120 cm lang
- 2 Kordelstopper

SCHNITTMUSTERBOGEN B

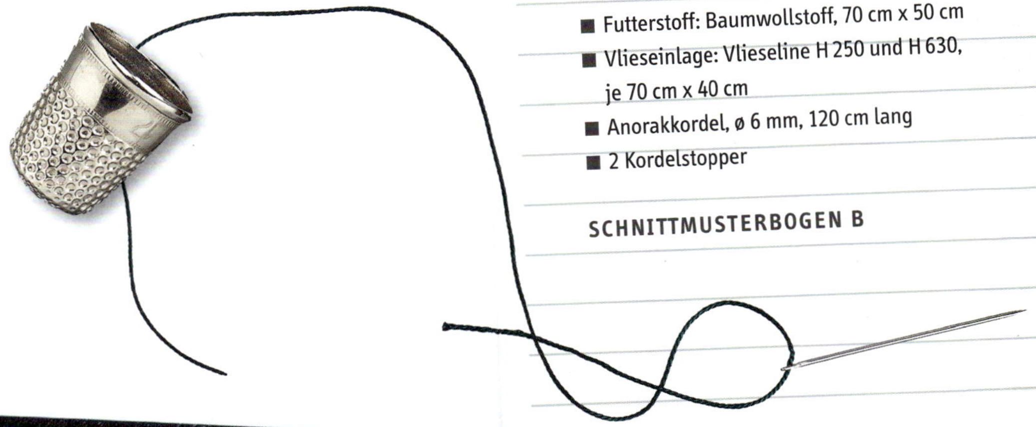

So gelingt die Kosmetiktasche

NAHTZUGABEN

Stoffe und Vlieseinlagen mit 1 cm Nahtzugabe zuschneiden.

TIPP: Bei dieser Tasche habe ich das Volumenvlies ohne Nahtzugabe zugeschnitten, um die Nähte nicht zu stark aufzubauschen.

ANLEITUNG

1 Die Zuschnitte Vlieseinlage H 250 auf die Schnittteile aus Futterstoff, die Zuschnitte Volumenvlies H 630 auf Schnittteile aus Oberstoff bügeln. In die beiden Schnittteile Zuglasche je zwei Knopflöcher einnähen. Die genaue Platzierung ist auf dem Schnittmuster markiert.

2 Die beiden Schnittteile Zuglasche rechts auf rechts legen und die kurzen Seitennähte schließen. Dabei darauf achten, dass die Knopflöcher aufeinander liegen.

3 Die Zuglasche längs falten und bügeln. Dann oberhalb und unterhalb der Knopflöcher gerade absteppen.

4 Die Zuschnitte Griff jeweils an der Markierung falten und die Seitennähte schließen. Die Griffe dann auf rechts wenden, bügeln und die gefalteten Seiten jeweils knappkantig absteppen.

5 Die Zuschnitte Tasche rechts auf rechts legen und die Seitennähte und die Bodennaht schließen. An den Ecken die Seitennaht jeweils auf die Bodennaht legen und die Abnäher gemäß Zeichnung schließen, dann die Tasche auf rechts wenden. Die Zuschnitte aus Futterstoff ebenfalls zu einer solchen Tasche verarbeiten, diese jedoch nicht wenden.

6 Die Griffe jeweils in der Mitte falten, sodass die Nähte seitlich liegen, und mittig auf die Seitennähte an der Tasche aus Oberstoff heften. Die Falte der Griffe muss dabei jeweils nach unten und die Stoffkanten müssen nach oben gerichtet sein. Beide Griffe mit Stecknadeln fixieren. Dann die Zuglasche an der Tasche aus Oberstoff befestigen. Die vier Knopflöcher zeigen zur Tasche hin, die Falte im Stoff zeigt nach unten, die offenen Stoffkanten liegt auf der offenen Stoffkante der Tasche. Alles wieder mit Stecknadeln fixieren. Dann die Tasche aus Oberstoff in die Tasche aus Futterstoff schieben. Die Taschen liegen rechts auf rechts aufeinander.

7 Den oberen Rand der Tasche absteppen; dabei eine Öffnung zum Wenden der Tasche lassen.

8 Die Tasche auf rechts wenden und den oberen Rand knappkantig absteppen. Dabei darauf achten, dass die Zuglasche nicht mit festgenäht wird. Die Anorakkordel halbieren und auf jede Hälfte einen Stopper aufziehen. Eine Kordel von rechts und eine Kordel von links durch die Zuglasche fädeln (und wieder zurück) und die Enden der Kordel jeweils miteinander verknoten.

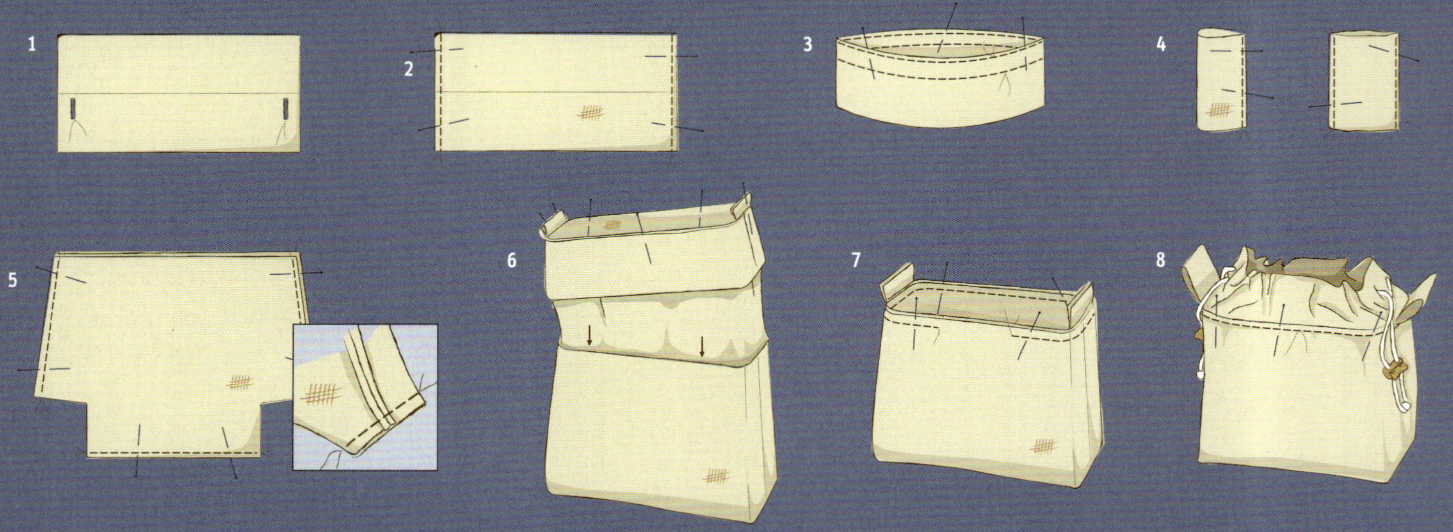

Oberstoff	2x Schnittteil „Kosmetiktasche“ Tasche
	2x Schnittteil „Kosmetiktasche“ Zuglasche
	2x Schnittteil „Kosmetiktasche“ Griff
Futterstoff	2x Schnittteil „Kosmetiktasche“ Tasche
Vlieseinlagen	je 2x Schnittteil „Kosmetiktasche“ Tasche
	2x Schnittteil „Kosmetiktasche“ Griff (nur H 250)

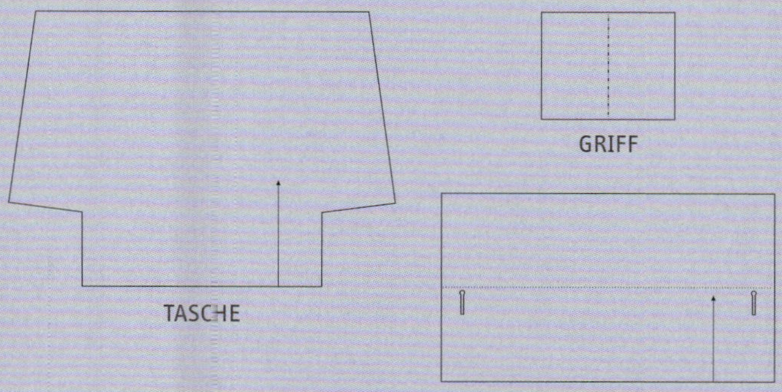

Draw-string

Der englische Begriff „Drawstring“ bedeutet eigentlich nur „Kordelzug“. Da dieser aber charakteristisch für diese Beuteltasche ist, wurde die Tasche nach ihm benannt. Eine „echte“ Drawstring hat einen zusätzlichen Trageriemen.

SCHWIERIGKEITSGRAD 2

GRÖSSE

35 cm x 32 cm x 18 cm

MATERIAL

- Oberstoff: Baumwollstoff, 100 cm x 82 cm
- Futterstoff: Baumwollstoff, 82 cm x 82 cm
- Vlieseinlage: Vlieseline H 250 und H 630, je 90 cm x 82 cm
- Vlieseline Bundfix, 4 cm breit, 70 cm lang
- 12 Ösen, ø 8 mm
- Schrägbandformer, 1 cm breit

SCHNITTMUSTERBOGEN B

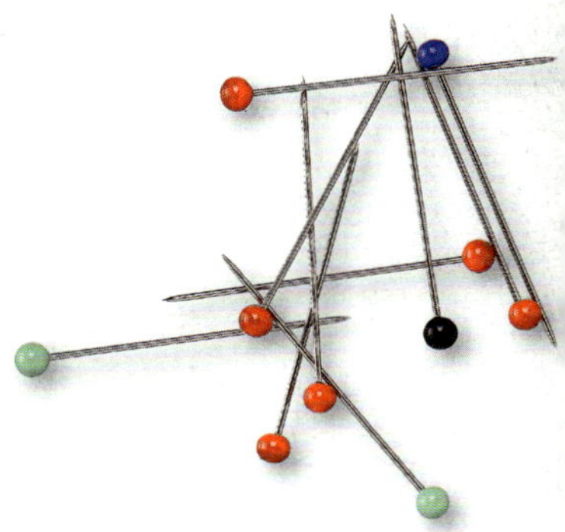

So gelingt die Drawstring

NAHTZUGABEN

Stoffe und Vlieseinlagen mit 1 cm Nahtzugabe zuschneiden.

ANLEITUNG

1 Die Zuschnitte aus Vlieseinlage H 250 auf die Schnittteile aus Futterstoff, die Zuschnitte aus Volumenvlies H 630 auf die Schnittteile aus Oberstoff bügeln. Jeweils die (später obere) Nahtzugabe an einer langen Seite der Verstärkungsstreifen nach hinten bügeln. Dann jeweils die Verstärkungsstreifen mit Stecknadeln am unteren Rand der Schnittteile Body fixieren. Nun die beiden Schnittteile Body rechts auf rechts legen und die Seitennähte schließen.

2 Als Nächstes den Body rechts auf rechts auf den Zuschnitt Boden legen und Body und Boden zusammennähen: Die im Schnittmuster für das Schnittteil Boden eingezeichneten Pfeile zeigen auf die Seitennähte des Bodys. Diese zwei Stellen zuerst mit Stecknadeln fixieren, dann die Bereiche zwischen den Pfeilen feststecken und alles mit der Nähmaschine festnähen. Die Tasche aus Oberstoff auf rechts wenden.

3 Nach den Schritten 1 und 2 eine Tasche aus Futterstoff nähen; dabei kann auf einen Verstärkungsstreifen am Boden verzichtet werden. Die Futtertasche nicht wenden.

4 Für den Trageriemen das Bundfix auf die Rückseite des Oberstoffes bügeln. Für etwas stärkere Träger einen ca. 4 cm breiten und 82 cm langen Streifen aus Volumenvlies zuschneiden und auf das Bundfix aufbügeln. Dann die Seiten des Streifens zur Mitte falten, den Streifen in der Mitte falten und bügeln. Die Ränder des Trägers absteppen.

5 Den Trageriemen auf der rechten Seite der Tasche aus Oberstoff rechts und links feststecken, sodass er mittig auf den Seitennähten liegt. Dabei darauf achten, dass der Träger nicht verdreht liegt. Dann die Tasche aus Oberstoff in die Tasche aus Futterstoff schieben und am oberen Rand mit Stecknadeln fixieren. Der Trageriemen liegt jetzt zwischen den rechts auf rechts liegenden Taschenteilen.

6 Die Taschen aus Oberstoff und aus Futterstoff an den oberen Rändern zusammennähen und dabei eine Öffnung zum Wenden der Tasche lassen. Die Träger werden beim Zusammennähen der Ränder mit festgenäht. Dann die Tasche auf rechts wenden.

7 Den oberen Rand knappkantig absteppen und die Metallösen an den markierten Stellen nach Herstellerangaben einschlagen.

8 Den Stoffstreifen für das Zugband mit dem Schrägbandformer falten, dann nochmals zur Hälfte falten, bügeln und knappkantig absteppen. Wer keinen Schrägbandformer hat, kann das Band auch per Hand formen. Die Stoffzuschnitte für den Zugbandstopper rechts auf rechts legen und am Rand zusammennähen; dabei eine Wendeöffnung lassen. Die Stoffteile auf rechts wenden und knappkantig absteppen. Die beiden kurzen Seiten der Stoffteile zur Mitte legen und festnähen. Zum Schluss das Zugband zunächst durch die Ösen der Tasche und dann durch den Zugbandstopper ziehen und an beiden Enden verknoten.

1

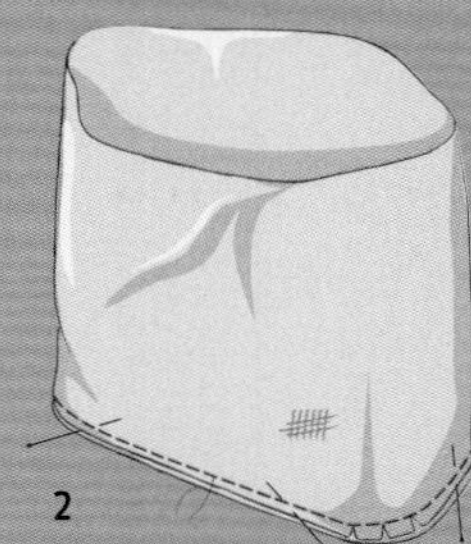

2

4

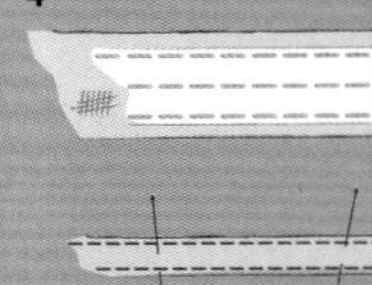

5

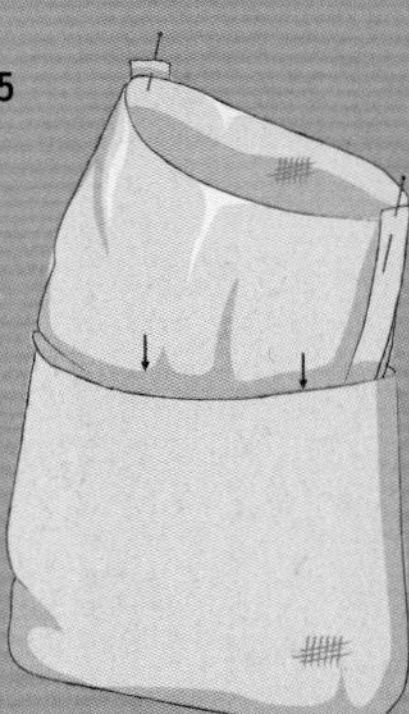

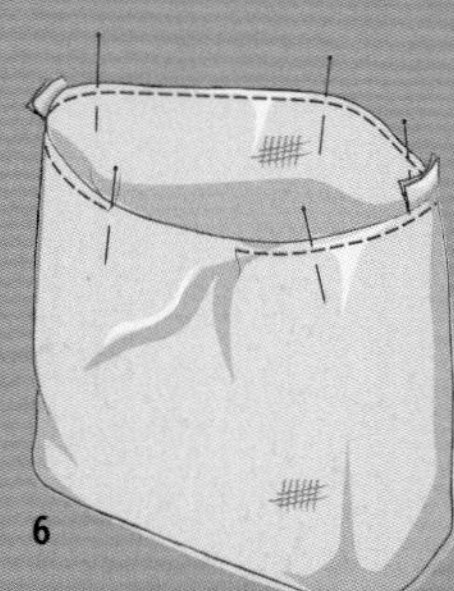

6

7

8

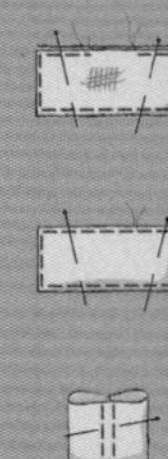

Oberstoff	2x Schnittteil „Beuteltasche“ Body im Stoffbruch
	1x Schnittteil „Beuteltasche“ Boden
	2x Streifen zur Verstärkung, 48 cm x 4,5 cm
	1x Streifen für Zugband, 4 cm x 100 cm
	2x Zuschnitte für Zugbandstopper, 10 cm x 3,5 cm
	1x Streifen für Träger, 12 cm x 82 cm
Futterstoff	2x Schnittteil „Beuteltasche“ Body im Stoffbruch
	1x Schnittteil „Beuteltasche“ Boden
Vlieseinlagen	je 2x Schnittteil „Beuteltasche“ Body im Stoffbruch
	je 1x Schnittteil „Beuteltasche“ Boden

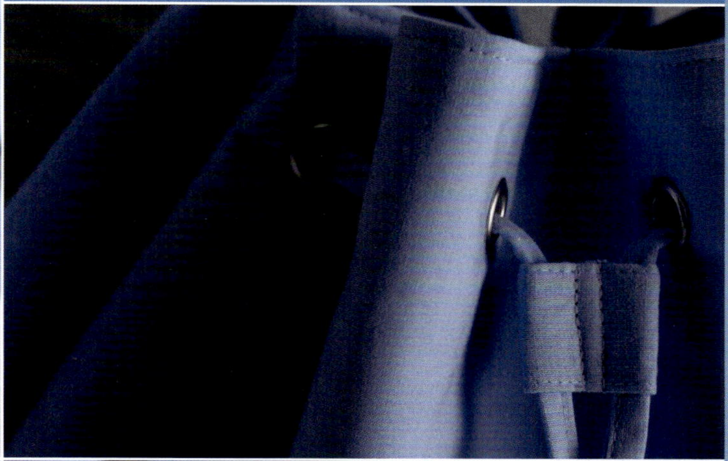

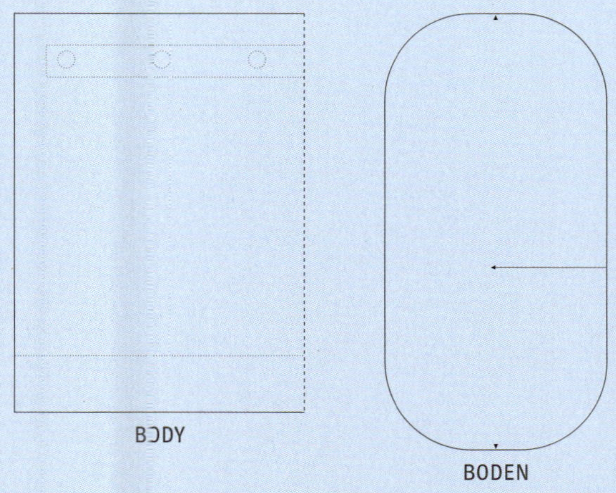

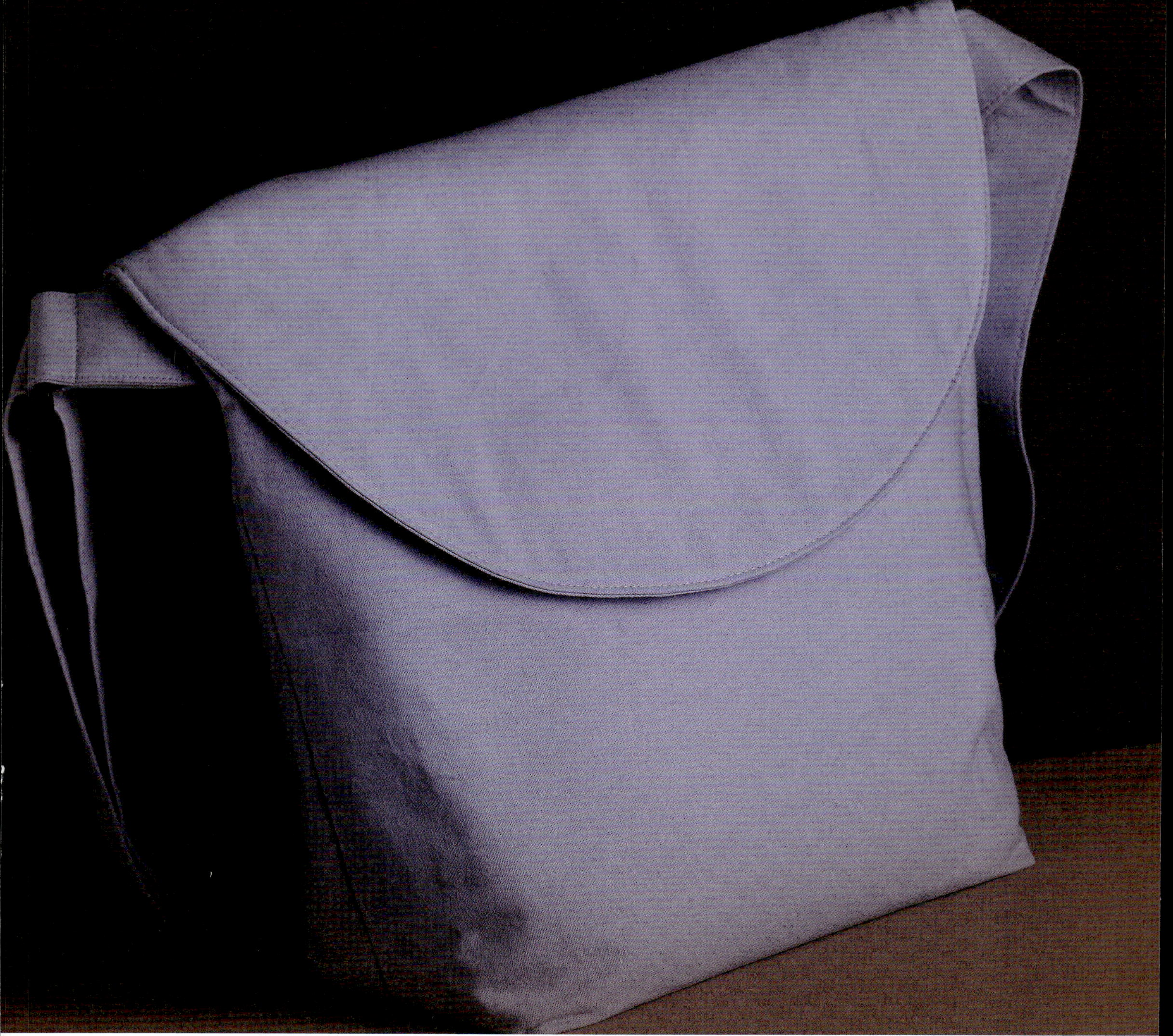

Messenger Bag

Die Messenger Bag oder Kuriertasche ist eine rechteckige Tasche mit langem Trageriemen, die mit einer Klappe geschlossen wird. Es gibt sie im Hoch- oder Querformat. Messenger Bags sind für Fahrradkuriere entwickelt worden. Sie sind meist aus robustem, wetterfestem Material und haben einen sportlichen Look.

SCHWIERIGKEITSGRAD 1

GRÖSSE

38 cm x 32 cm x 14 cm,
Träger verstellbar bis 140 cm Länge

MATERIAL

- Oberstoff: Baumwollstoff, 82 cm x 160 cm
- Futterstoff: Baumwollstoff, 90 cm x 70 cm
- Vlieseinlage: Vlieseline H 250 und H 630, je 90 cm x 70 cm
- Vlieseline Bundfix, 4 cm breit, 160 cm lang
- Klettband, 4 cm breit, 25 cm lang
- Stegschnalle, 4 cm breit
- Trägerschnalle, 4 cm breit

SCHNITTMUSTERBOGEN B

So gelingt die Messenger Bag

NAHTZUGABEN

Stoffe und Vlieseinlagen mit 1 cm Nahtzugabe zuschneiden.

ANLEITUNG

1 Die Zuschnitte der Vlieseinlage H 250 auf die entsprechenden Teile aus Futterstoff, die Zuschnitte aus dem Volumenvlies H 630 auf die entsprechenden Teile aus Oberstoff bügeln. Dann zwei 10 cm lange Stücke des Hakenbands des Klettbandes abschneiden und auf den Oberstoff der Vorderseite nähen. Die genauen Stellen sind im Schnittmuster eingezeichnet.

2 Für den Trageriemen das Bundfix auf die Rückseite des Oberstoffes bügeln. Damit der Träger verstärkt ist, einen knapp 4 cm breiten und 160 cm langen Streifen aus Volumenvlies zuschneiden und auf das Bundfix aufbügeln. Dann die Seiten des Bundfix zur Mitte falten, den Streifen in der Mitte falten und bügeln. Die Ränder des Trägers absteppen.

3 Ein ca. 18 cm langes Stück des Trageriemens abschneiden, durch die Trägerschnalle ziehen und zwischen die Vorder- und die Rückseite der Tasche (rechts auf rechts liegend) schieben, sodass der Träger nach innen zeigt. Die genaue Stelle ist auf dem Schnittmuster markiert. Auf der anderen Seite ein Ende des restlichen Trägers zwischen die beiden Stofflagen schieben. Dann die Seitennähte und die Bodennaht schließen. Dabei nicht bis zu den beiden oberen Rändern nähen, sondern die Naht 1 cm vorher beenden. An den beiden Ecken jeweils die Seitennaht auf die Bodennaht legen und die Abnäher gemäß Zeichnung schließen.

4 Für das Futter die Vorder- und die Rückseite der Tasche rechts auf rechts aufeinander legen und die Seitennähte und die Bodennaht schließen. Dabei nicht bis zu den beiden oberen Rändern nähen, sondern die Naht 1 cm vorher beenden. An den beiden Ecken jeweils die Seitennaht auf die Bodennaht legen und die Abnäher gemäß Zeichnung schließen. Dann ein 20 cm langes Stück vom Flauschband des Klettbandes abschneiden und auf die rechte Seite des Futterstoffes nähen. Die genaue Stelle ist im Schnittmuster eingezeichnet.

5 Die Tasche aus Futterstoff wenden und in die Tasche aus Oberstoff schieben, sodass Futterstoff und Oberstoff rechts auf rechts liegen. Dann die beiden noch offenen Nähte am Rand der Klappe und am oberen Rand der Tasche schließen; dabei eine Wendeöffnung lassen. Die Tasche durch die Wendeöffnung auf rechts wenden und die Tasche aus Futterstoff in die Tasche aus Oberstoff schieben. Die beiden zuletzt geschlossenen Nähte absteppen.

6 Für den längenverstellbaren Verschluss das lange Ende des Trägers zunächst durch die beiden Schlitze (von hinten nach vorne, dann wieder nach hinten) der Stegschnalle schieben. Dann durch die Trägerschnalle (von vorne nach hinten) und zum Schluss nochmals um den mittleren Steg der Stegschnalle (von oben nach unten) führen. Das Ende des Trägers nach hinten auf die untere Lasche legen und festnähen. Wenn die Tasche getragen wird, ist die Naht nicht sichtbar.

1

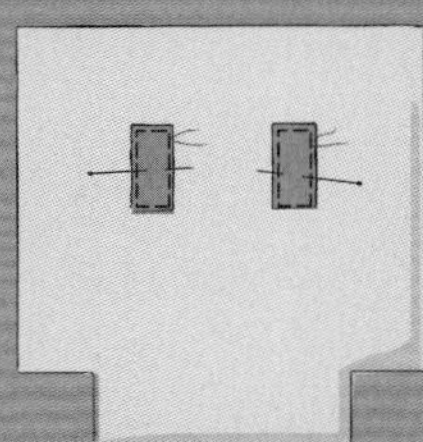

2

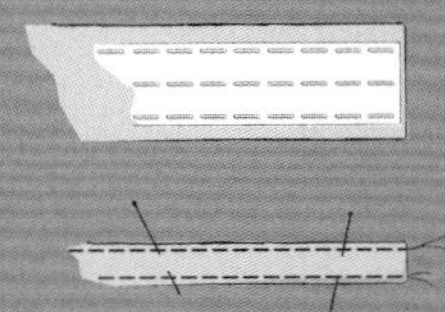

3

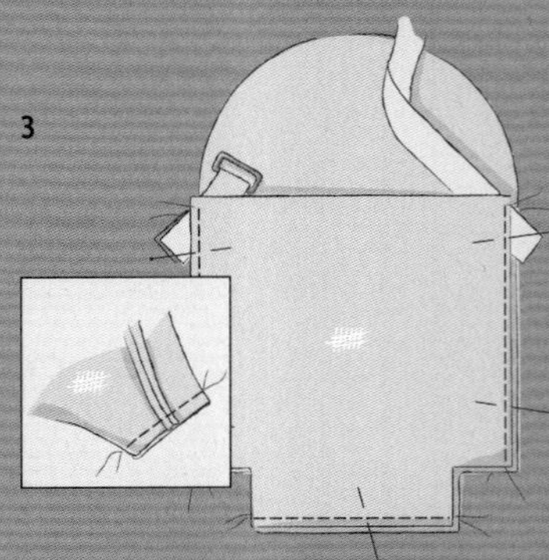

4

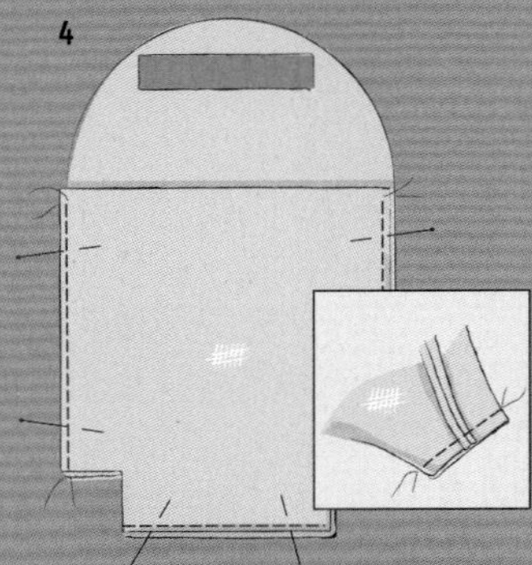

5

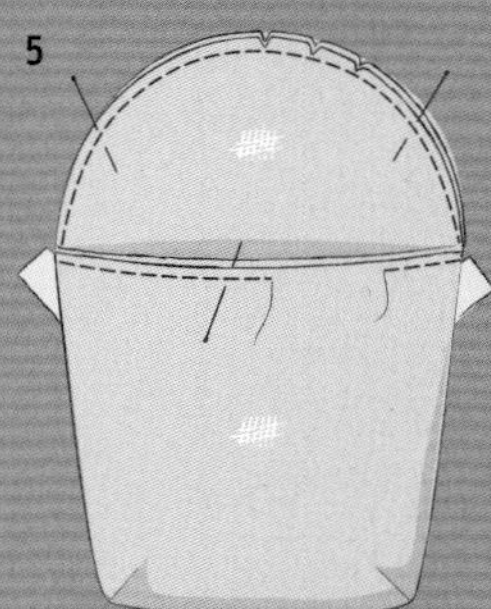

6

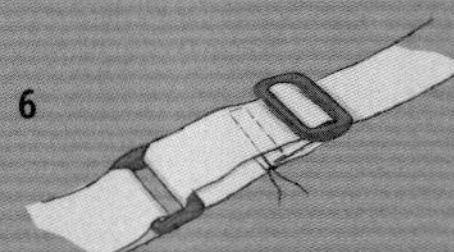

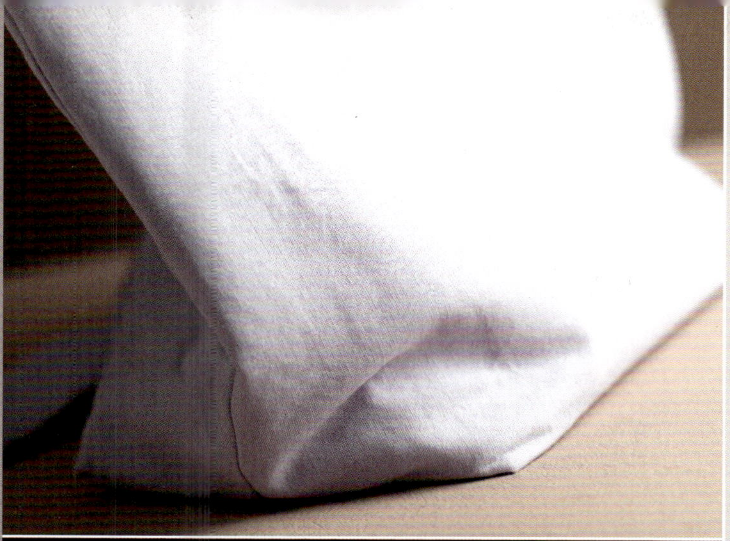

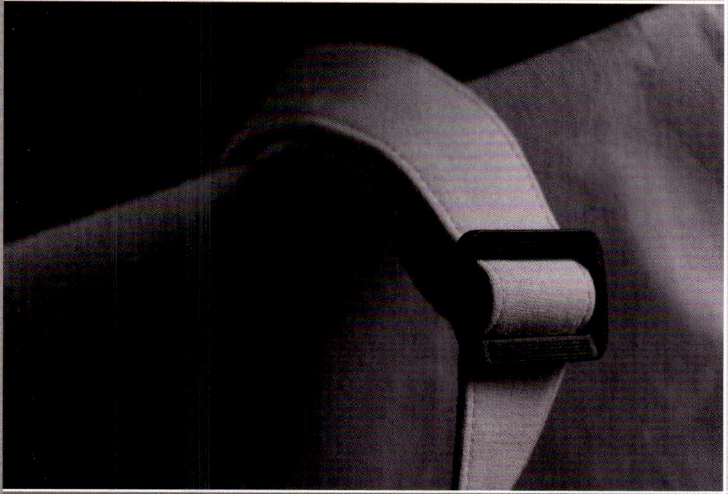

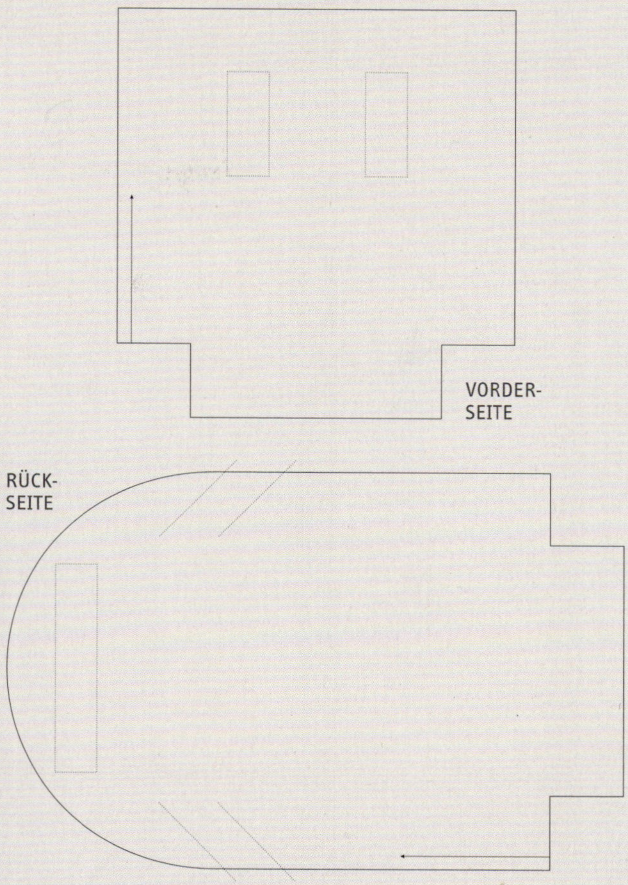

Oberstoff	1x Schnittteil „Kuriertasche“ Rückseite
	1x Schnittteil „Kuriertasche“ Vorderseite
	1x Streifen für Träger, 160 cm x 12 cm
Futterstoff	1x Schnittteil „Kuriertasche“ Rückseite
	1x Schnittteil „Kuriertasche“ Vorderseite
Vlieseinlagen	je 1x Schnittteil „Kuriertasche“ Rückseite
	je 1x Schnittteil „Kuriertasche“ Vorderseite

Kelly Bag

Namensgeberin für die Kelly Bag ist Grace Kelly. In Wirklichkeit war das Modell bereits 20 Jahre lang auf dem Markt, bevor Grace Kelly die Tasche zu ihrer ständigen Begleiterin machte. So wurde aus der „kleinen Damentasche mit Trageriemen“ die wohl bekannteste Tasche der Welt, die Kelly Bag.
Die große Schwester der Kelly Bag heißt übrigens Birkin Bag, benannt nach der Schauspielerin Jane Birkin.

SCHWIERIGKEITSGRAD 3

GRÖSSE

29 cm x 22 cm x 9 cm

MATERIAL

- Oberstoff: Baumwollstoff, 50 cm x 82 cm
- Futterstoff: Baumwollstoff, 50 cm x 82 cm
- Vlieseinlage: Vlieseline S 320 und H 630, je 50 cm x 82 cm
- Drehverschluss in Silber, 35 mm x 20 mm
- Schrägband, 2,5 cm breit (gefalzt 1,25 cm breit), 2,20 m

SCHNITTMUSTERBOGEN B

So gelingt die Kelly Bag

NAHTZUGABEN

Stoffe und Vlieseinlagen mit 1 cm Nahtzugabe zuschneiden.

ANLEITUNG

1 Die Vlieseinlage S 320 auf die Rückseite der Zuschnitte aus Futterstoff, das Volumenvlies auf die Rückseite der Zuschnitte aus Oberstoff bügeln. Für den Tragegriff die Schnittteile Griff rechts auf rechts legen und zusammennähen; dabei eine Öffnung zum Wenden lassen. Den Griff auf rechts wenden und am Rand knappkantig absteppen.

2 Die Schnittteile Body links auf links legen und knappkantig absteppen. Je zwei Schnittteile Seite links auf links legen und ebenfalls knappkantig absteppen. Durch diese Nähte kann beim weiteren Verarbeiten nichts verrutschen. Den unteren, geraden Rand des Bodys und die oberen Ränder der Seiten mit Schrägband einfassen.

3 Die Seitenteile an die Tasche nähen: Dazu die mit Schrägband eingefassten Ränder aneinander legen und mit Stecknadeln fixieren und die Seiten der Tasche knappkantig absteppen. Dann die Nahtzugabe nahe der Naht abschneiden. Die Naht wird im nächsten Schritt unter dem Schrägband versteckt.

4 Das Schrägband um die genähten Kanten legen und mit Stecknadeln fixieren. Schrägband ist leicht elastisch und lässt sich daher leicht um Rundungen legen. Besonders ordentlich wird die Naht, wenn das Schrägband vor dem Nähen von Hand an die Tasche geheftet wird. Dann das Schrägband mit der Nähmaschine festnähen.

5 Die Träger an den im Schnittmuster markierten Stellen festnähen und den Verschluss nach Herstellerangaben auf der Tasche befestigen.

Hinweis: Das Schrägban kann auch aus dem Oberstoff zugeschnitten werden. Dazu einen 5 cm breiten und 2,20 m langen Streifen im schrägen Fadenlauf zuschneiden (siehe Seite 83). Der Stoffverbrauch erhöht sich entsprechend.

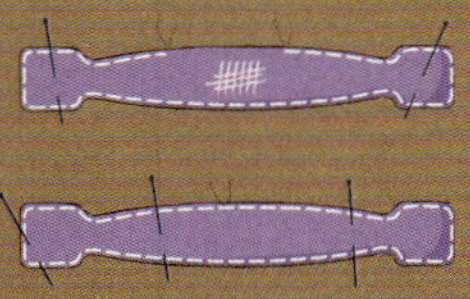
1

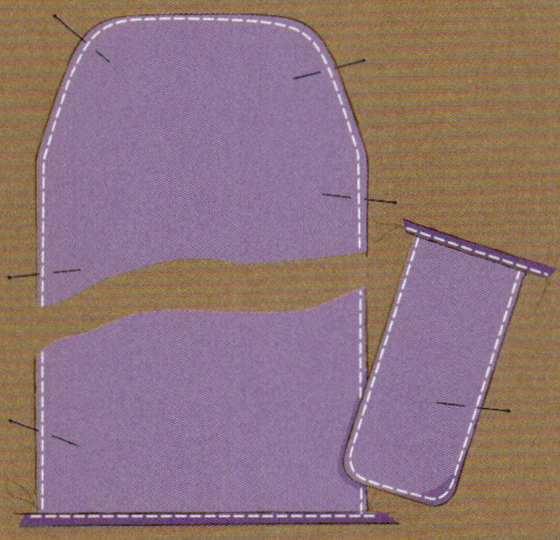
2

3

4
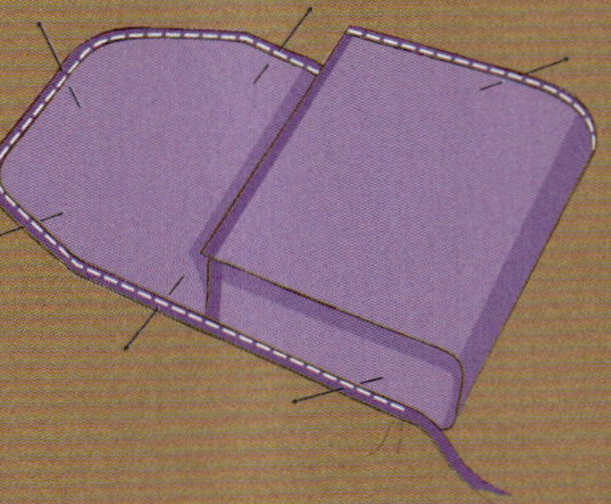

5
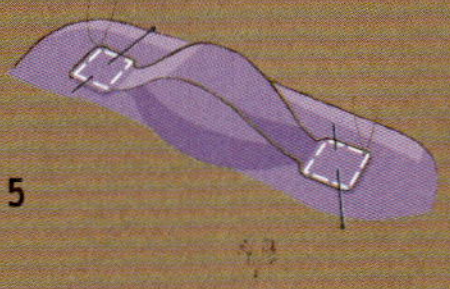

6

Oberstoff	1x Schnittteil „Kelly“ Body
	2x Schnittteil „Kelly“ Seite
	2x Schnittteil „Kelly“ Griff
Futterstoff	1x Schnittteil „Kelly“ Body
	2x Schnittteil „Kelly“ Seite
Vlieseinlagen	je 1x Schnittteil „Kelly“ Body
	je 2x Schnittteil „Kelly“ Seite
	je 1x Schnittteil „Kelly“ Griff

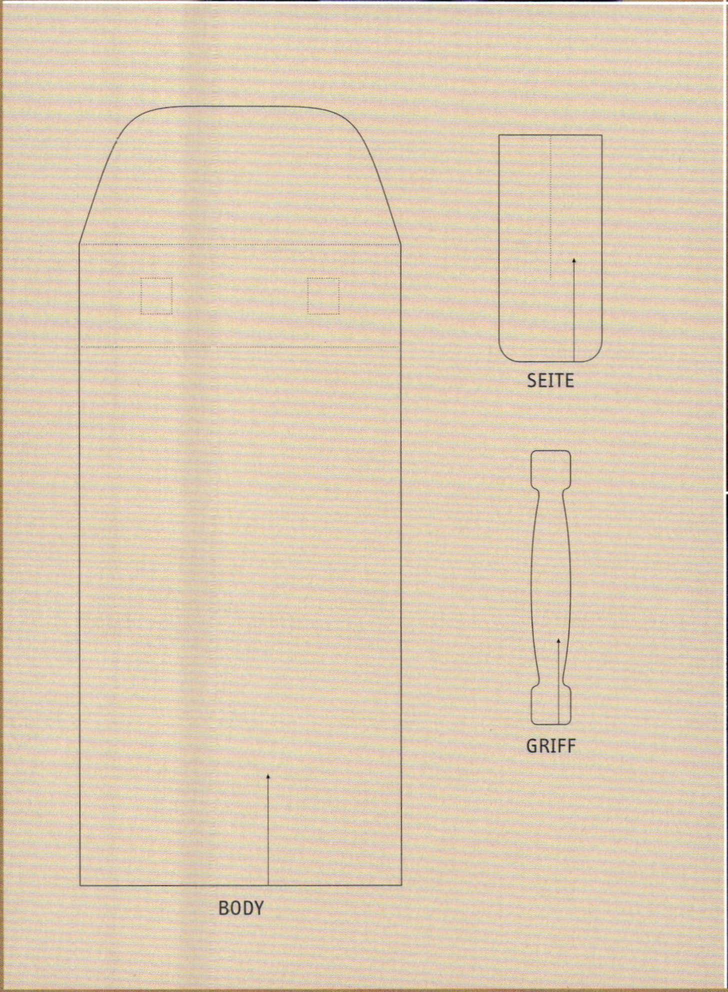

Bowling Bag

Früher wurden in der Bowling Bag – wie der Name bereits vermuten lässt – tatsächlich Bowlingkugeln transportiert. Die Bowling Bag ist eine eher sportliche Tasche aus festem Material mit zwei kurzen Henkeln.

SCHWIERIGKEITSGRAD 3

GRÖSSE

35 cm x 30 cm x 16 cm

MATERIAL

- Oberstoff: Baumwollstoff, 110 cm x 70 cm
- Futterstoff: Baumwollstoff, 110 cm x 50 cm
- Vlieseinlage: Vlieseline H 250 und H 630, je 110 cm x 50 cm
- Druckknopf, ø 12 mm
- Vlieseline Bundfix, 3 cm breit, 140 cm lang
- Reißverschluss, 50 cm lang

SCHNITTMUSTERBOGEN B

So gelingt die Bowling Bag

NAHTZUGABEN

Stoffe und Vlieseinlagen mit 1 cm Nahtzugabe zuschneiden.

ANLEITUNG

1 Die Vlieseinlage H 250 auf die Rückseite der Zuschnitte aus Futterstoff, das Volumenvlies auf die Rückseite der Zuschnitte aus Oberstoff bügeln. Die aufgenähte Tasche nach der Anleitung von Seite 75 (jedoch ohne Verschlussklappe) anfertigen und rechts auf das Schnittteil Tasche aus Oberstoff nähen.

2 Die Schnittteile Tasche aus Oberstoff rechts auf rechts legen und die Seiten jeweils bis zur Markierung „Reißverschluss bis hier" schließen.

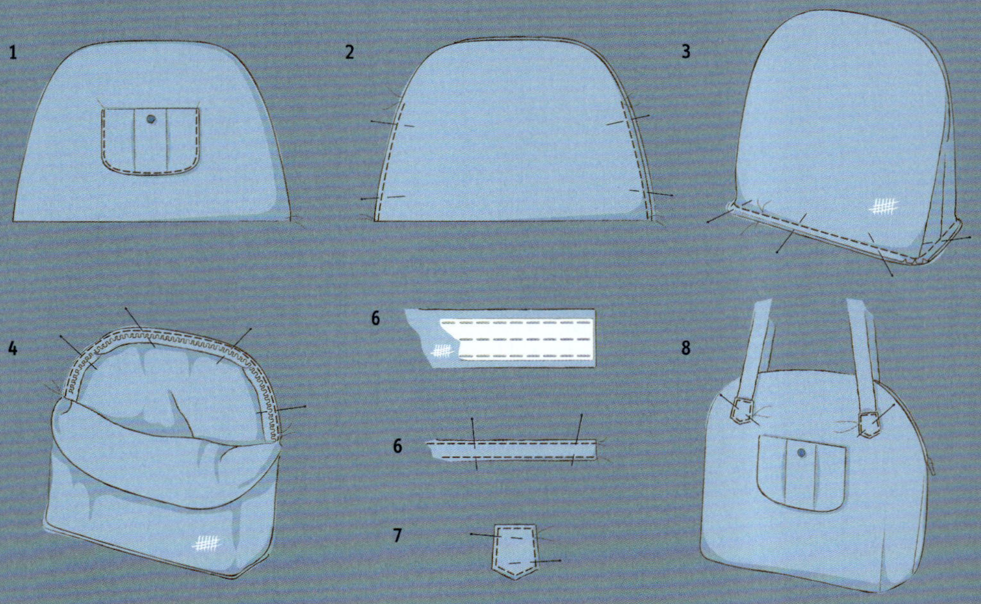

3 Die Schnittteile Tasche jeweils rechts auf rechts auf das Bodenteil legen und mit Stecknadeln jeweils an den Markierungen (→) auf dem Bodenteil fixieren. Dann die Bereiche zwischen den Stecknadeln fixieren und die Taschenteile mit der Nähmaschine an das Bodenteil nähen.

4 Die Tasche auf links lassen und den Reißverschluss an einem Taschenteil mit Stecknadeln innen an den oberen Bogen heften, sodass der Reißverschluss und der Oberstoff rechts auf rechts liegen. Der Rand des Reißverschlusses ist dabei zum Stoffrand hin gerichtet. Den Reißverschluss entlang dem Bogen festnähen. Den Reißverschluss vor dem Nähen des anderen Randes ein wenig öffnen, sodass die Tasche später gewendet werden kann. Dann den anderen Rand des Reißverschlusses ebenso am anderen Taschenteil festnähen. Die Tasche auf rechts wenden.

5 Nach den Schritten 2 und 3 eine Tasche aus Futterstoff anfertigen und den Reißverschluss dabei weggelassen. Den Bogen ca. 1 cm breit zur linken Stoffseite falten und bügeln. Die Tasche aus Futterstoff in die Tasche aus Oberstoff schieben, am Bogen mit Stecknadeln fixieren und beides zusammennähen. Dies ist mit der Maschine möglich, erfordert jedoch etwas Geschick. Leichter, aber langsamer, geht es per Hand.

6 Für den Träger das Bundfix auf die Rückseite des Oberstoffes bügeln. Sollen die Träger verstärkt sein, einen knapp 3 cm breiten und 140 cm langen Streifen aus Volumenvlies zuschneiden und auf das Bundfix aufbügeln. Dann die Seiten des Streifens zur Mitte falten, den Streifen in der Mitte falten und bügeln. Die Ränder des Trägers absteppen. Den Trageriemen in der Mitte teilen, sodass zwei 70 cm lange Streifen entstehen.

7 Je zwei Schnittteile Träger Verdeckung (1x mit Vlieseinlage, 1x ohne) rechts auf rechts legen und die Ränder schließen. Eine Stoffseite der Verdeckung einschneiden, die Verdeckung durch den Einschnitt wenden und bügeln.

8 Die Verdeckung mit der aufgeschnittenen Seite auf ein Ende des Trägers legen, auf die im Schnittmuster markierte Stellen auf die Tasche heften und mit der Nähmaschine festnähen. Den Träger evtl. kürzen und die zweite Verdeckung ebenso festnähen. Dann den zweiten Träger auf dieselbe Weise befestigen.

Oberstoff	2x Schnittteil „Bowling Bag“ Tasche im Stoffbruch
	1x Schnittteil „Bowling Bag“ Boden
	1x Streifen für Träger, 140 cm x 10 cm
	8x Schnittteil Träger Verdeckung
Futterstoff	2x Schnittteil „Bowling Bag“ Tasche im Stoffbruch
	1x Schnittteil „Bowling Bag“ Boden
Vlieseinlagen	je 2x Schnittteil „Bowling Bag“ Tasche im Stoffbruch
	je 1x Schnittteil „Bowling Bag“ Boden
	4x Schnittteil Träger Verdeckung (nur H 250)

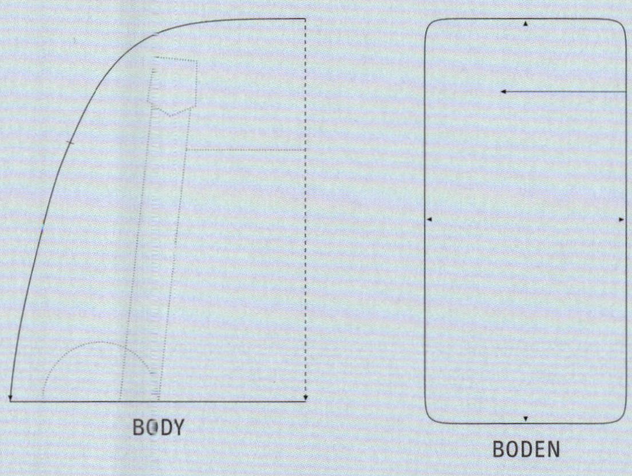

Hobo

Hobo bedeutet „Landstreicher". Landstreicher haben in früheren Zeiten ihren Besitz in einem Tuch zusammengewickelt über der Schulter getragen. Die Hobo erhielt ihren Namen, da sie in der Mitte etwas durchhängt und so Ähnlichkeit zum Tuchbeutel der Landstreicher hat. Die Hobo wird ebenfalls über der Schulter getragen.

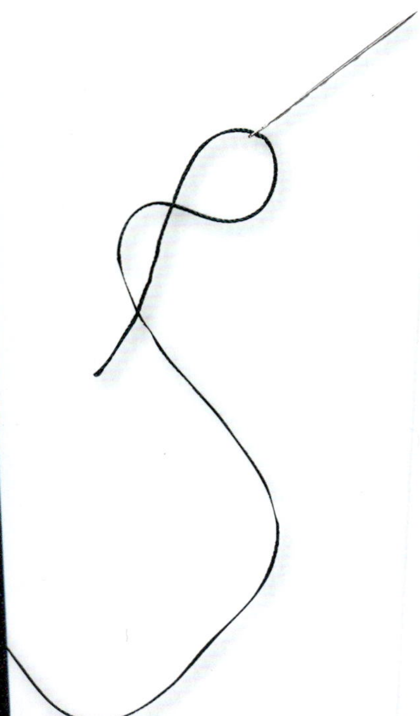

SCHWIERIGKEITSGRAD 2

GRÖSSE

36 cm x 32 cm

MATERIAL

- Oberstoff: Baumwollstoff, 82 cm x 60 cm
- Futterstoff: Baumwollstoff, 82 cm x 40 cm
- Vlieseinlage: Vlieseline H 250 und H 630, je 82 cm x 40 cm
- Vlieseline Bundfix, 4 cm breit, 70 cm lang
- Reißverschluss, 28 cm lang
- Druckknopf, ø 12 mm

SCHNITTMUSTERBOGEN B

So gelingt die Hobo

NAHTZUGABEN

Stoffe und Vlieseinlagen mit 1 cm Nahtzugabe zuschneiden.

ANLEITUNG

1 Die Vlieseinlage H 250 auf die Rückseite der Zuschnitte aus Futterstoff, das Volumenvlies auf die Rückseite der Zuschnitte aus Oberstoff bügeln. Der Streifen für den Reißverschluss erhält eine Verstärkung mit Vlieseinlage H 250. Die aufgenähte Tasche nach der Anleitung von Seite 75 (jedoch ohne Klappe) anfertigen und auf eine Seite des Oberstoffes nähen.

2 Die Schnittteile Tasche aus Oberstoff rechts auf rechts legen und die Seitennähte und die Bodennaht schließen. Dann auf beiden Seiten die Seitennaht auf die Bodennaht legen und die Abnäher gemäß Zeichnung schließen. Aus dem Futterstoff ebenso eine Tasche nähen.

3 Die beiden Streifen für den Reißverschluss der Länge nach falten, die rechte Stoffseite liegt dabei außen. Jeweils einen Streifen auf die beiden Seiten des Reißverschlusses nähen, sodass der Falz jeweils zum Reißverschluss und die Stoffkanten nach außen zeigen.

4 Die Tasche aus Futterstoff auf rechts wenden, dann über die Tasche aus Oberstoff stülpen. Die beiden linken Stoffseiten zeigen zueinander. Den oberen Rand mit Stecknadeln fixieren. Den Reißverschluss mit dem Stoffstreifen am oberen Taschenrand wie folgt befestigen: Den Reißverschluss umdrehen, der Schieber zeigt zum Tascheninneren, die Unterseite des Reißverschlusses zeigt nach oben. Den Reißverschluss auf den Taschenstoffen befestigen, sodass die Stoffränder der Taschen und die des Stoffstreifens am Reißverschluss aufeinander liegen. Beide Seiten mit einer Naht schließen. Die Kanten mit einem Zickzackstich oder der Overlock-Maschine versäubern. Sie sind später in der Tasche sichtbar. An den Enden sind noch zwei Öffnungen ins Innere der Tasche. An diesen Stellen den Reißverschluss auf die Seitennaht legen und diese Stelle flachbügeln. Dort werden später die Träger befestigt. Tipp: Öffnen Sie den Reißverschluss bis zur Hälfte, so lässt sich die Tasche später leichter wenden.

5 Für den Trageriemen das Bundfix auf die Rückseite des Oberstoffes bügeln. Damit der Träger verstärkt ist, einen knapp 4 cm breiten und 70 cm langen Streifen Volumenvlies zuschneiden und auf das Bundfix aufbügeln. Dann die Seiten des Streifens zur Mitte falten, den Streifen in der Mitte falten und bügeln. Die Ränder des Trägers absteppen.

6 Den Trageriemen in die Tasche legen und je ein Ende des Trageriemens durch die Öffnungen an den Enden des Reißverschlusses schieben. Je kürzer der Träger werden soll, desto weiter den Träger durch die Öffnung schieben. Die Träger an die Tasche nähen. Die überstehenden Enden mit etwas Abstand zur Naht abschneiden und mit einem Zickzackstich oder der Overlock-Maschine versäubern. Diese Naht wird nach dem Wenden in der Tasche ebenfalls sichtbar sein. Die Tasche durch den Reißverschluss auf rechts wenden und die Ecken ausbügeln.

1

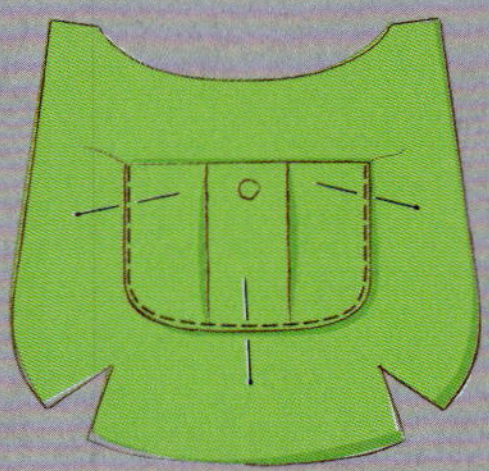

2

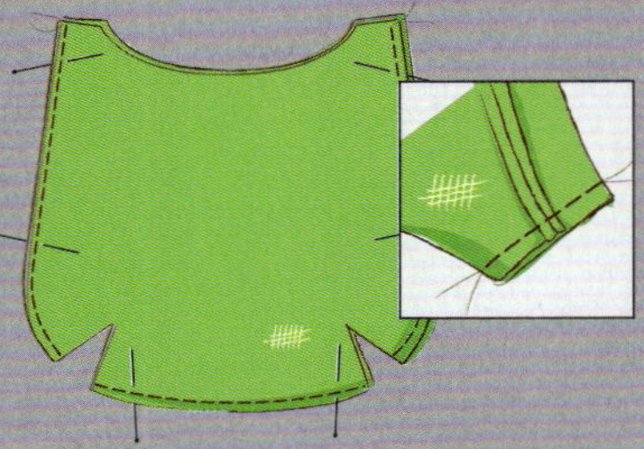

3

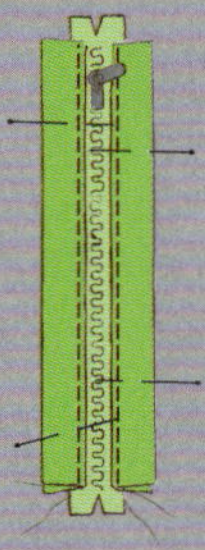

4

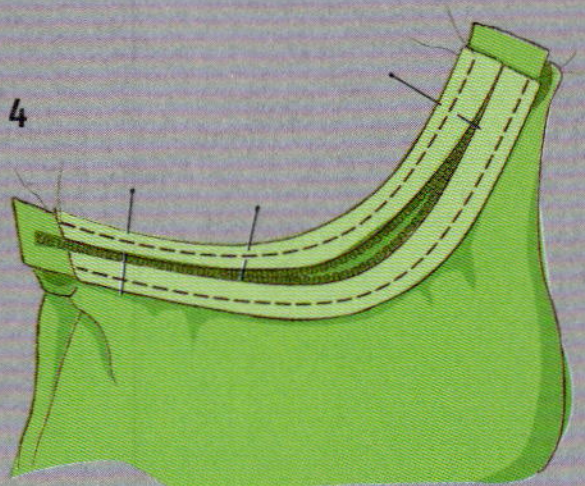

5

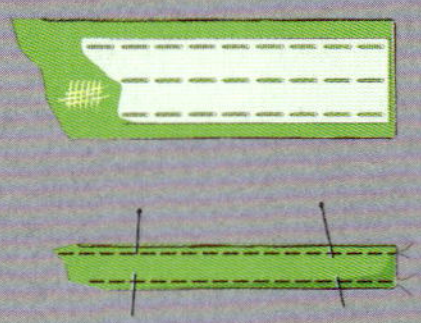

6

Oberstoff	2x Schnittteil „Hobo“ Tasche im Stoffbruch
	2x Streifen für Reißverschluss, 30 cm x 4 cm
	1x Streifen für Träger, 70 cm x 12 cm
	je 1x Schnittteil Aufgenähte Tasche 1 (innen und außen)
Futterstoff	2x Schnittteil „Hobo“ Tasche im Stoffbruch
Vlieseinlagen	je 2x Schnittteil „Hobo“ Tasche im Stoffbruch
	2x Streifen für Reißverschluss, 30 cm x 4 cm (nur H 250)

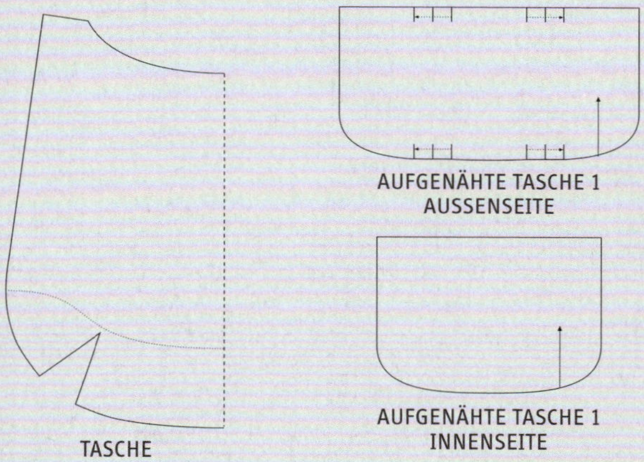

Satchel

Die Satchel ist eine rechteckige Tasche mit einem Trageriemen und manchmal zusätzlichen Henkeln. Die Satchel wird „cross-body“, also diagonal über dem Körper getragen. Wörtlich übersetzt heißt „Satchel“ Schulranzen – die Satchel war ursprünglich für (Schul-) Bücher gedacht. Der bekannteste Träger einer Satchel ist übrigens Indiana Jones. Ob er auch immer Bücher dabei hatte?

SCHWIERIGKEITSGRAD 2

GRÖSSE

26 cm x 26 cm x 10 cm

MATERIAL

- Oberstoff: Baumwollstoff, 40 cm x 160 cm
- Futterstoff: Baumwollstoff, 60 cm x 90 cm
- Vlieseinlage: Vlieseline H 250 und H 630, je 60 cm x 90 cm
- 2 Druckknöpfe, ø 12 mm
- Vlieseline Bundfix, 4 cm breit, 160 cm lang
- Stegschnalle, 4 cm breit
- Trägerschnalle, 4 cm breit

SCHNITTMUSTERBOGEN B

So gelingt die Satchel

NAHTZUGABEN

Stoffe und Vlieseinlagen mit 1 cm Nahtzugabe zuschneiden.

ANLEITUNG

1 Die Zuschnitte Vlieseinlage H 250 auf die Stoffteile aus Futterstoff, die Zuschnitte Volumenvlies H 630 auf die Stoffteile aus Oberstoff bügeln. Beim Stoffzuschnitt Verstärkung Boden die Nahtzugabe der beiden kurzen Seiten nach links klappen und den Boden mittig auf den Stoffzuschnitt Seiten aus Oberstoff nähen. Die langen Seiten der Verstärkung können ebenfalls festgenäht werden; so kann später der Stoff nicht verrutschen.

2 Den Seitenstreifen aus Oberstoff und die Rückseite aus Oberstoff rechts auf rechts aufeinander legen, sodass die Markierungen unten in der Mitte übereinstimmen. Die Stoffe von hier aus beginnend mit Stecknadeln zusammenstecken und dann zusammennähen.

3 Die Vorderseite aus Oberstoff wie in Schritt 2 beschrieben an den Seitenstreifen aus Oberstoff nähen. Dann die Tasche auf rechts wenden.

4 Die Tasche aus Futterstoff wie in Schritt 2 und 3 beschrieben anfertigen, jedoch auf links belassen. Die auf rechts gewendete Tasche aus Oberstoff in die Tasche aus Futterstoff schieben, die Ränder mit Stecknadeln fixieren und zusammennähen. Dabei eine Öffnung zum Wenden lassen. Die Tasche auf rechts wenden und die Ränder knappkantig absteppen.

5 Für den Trageriemen das Bundfix auf die Rückseite des Oberstoffes bügeln. Für etwas stärkere Träger einen ca. 4 cm breiten und 82 cm langen Streifen Volumenvlies zuschneiden und auf das Bundfix aufbügeln. Dann die Seiten des Streifens zur Mitte falten, den Streifen in der Mitte falten und bügeln. Die Ränder des Trägers absteppen.

6 Ein 12 cm langes Stück des Trageriemens abschneiden. Das obere Ende des Trageriemens durch die Trägerschnalle ziehen und nach hinten falten. Das untere Ende des Trageriemens ebenfalls mit etwas Abstand zur Trägerschnalle nach hinten klappen. Dann den Trageriemen wie abgebildet auf den Seitenstreifen der Tasche nähen, dabei beide nach hinten gefalteten Abschnitte fixieren.

7 Das lange Stück des Trageriemens auf dem anderen Seitenstreifen befestigen, indem das Ende des Trageriemens nach hinten geklappt und dann festgenäht wird. Damit der Trageriemen in der Länge zu verstellen ist, das andere Ende des Trageriemens zunächst von unten nach oben durch den einen Schlitz der Stegschnalle, dann wieder durch den anderen Schlitz nach unten schieben. Dann den Trageriemen von oben nach unten durch die Trägerschnalle und zum Schluss nochmals von unten nach oben und wieder nach unten um den mittleren Steg der Stegschnalle führen. Das Ende des Trageriemens nach hinten klappen und festnähen. Wenn die Tasche getragen wird, ist die Naht nicht sichtbar. Die oberen Teile der Druckknöpfe gemäß Schnittmuster an der Klappe der Tasche befestigen. Dann die genaue Platzierung der Knöpfe auf der Vorderseite der Tasche abmessen und die unteren Teile der Druckknöpfe befestigen.

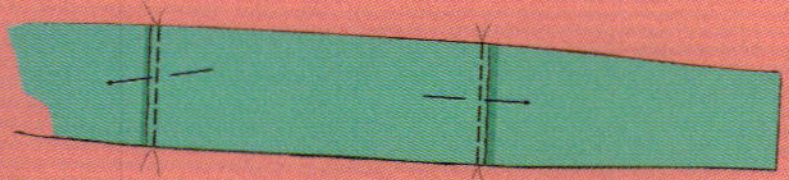
1

2
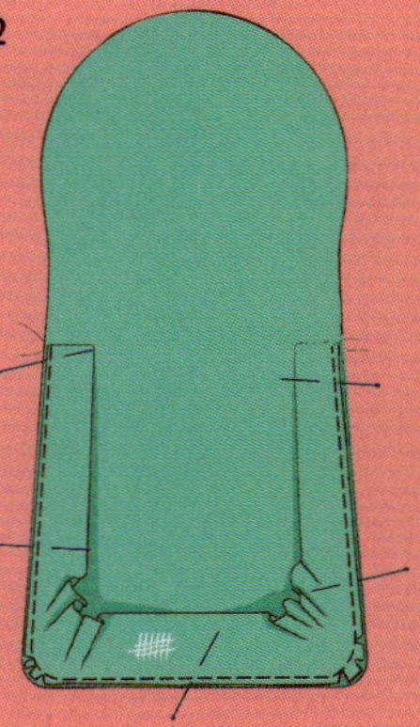

3
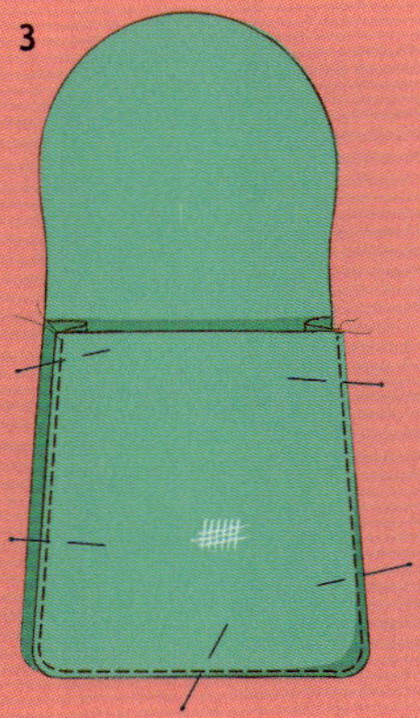

4
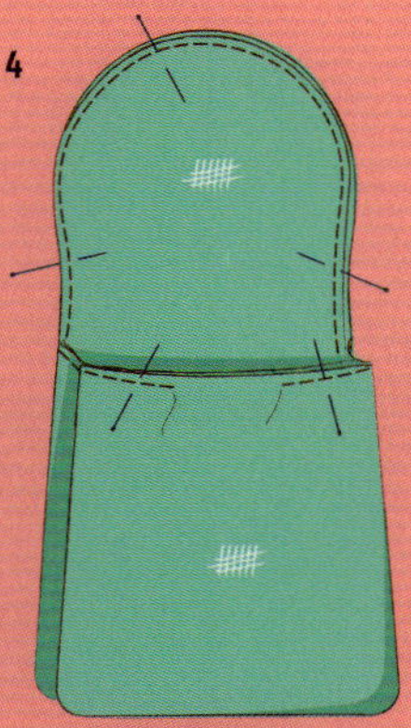

5
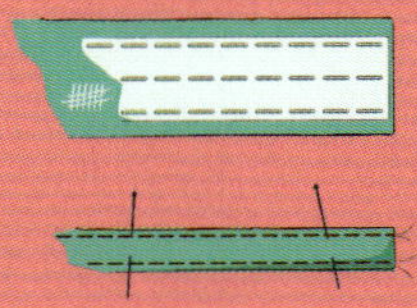

6
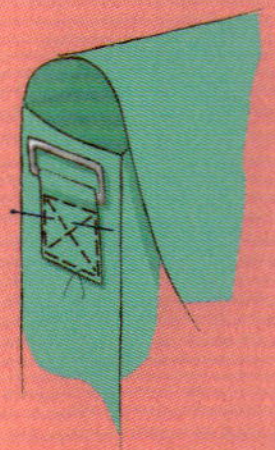

7
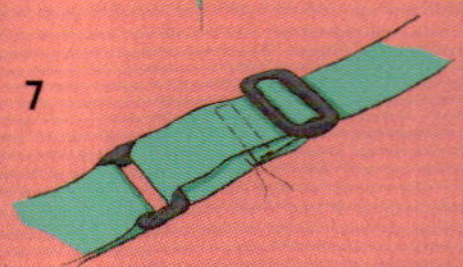

Oberstoff	1x Schnittteil „Satchel“ Rückseite
	1x Schnittteil „Satchel“ Vorderseite
	1x Schnittteil „Satchel“ Seiten im Stoffbruch
	1x Schnittteil „Satchel“ Verstärkung Boden
	1x Streifen für Träger, 12 cm x 160 cm
Futterstoff	1x Schnittteil „Satchel“ Rückseite
	1x Schnittteil „Satchel“ Vorderseite
	1x Schnittteil „Satchel“ Seiten im Stoffbruch
Vlieseinlagen	je 1x Schnittteil „Satchel“ Rückseite
	je 1x Schnittteil „Satchel“ Vorderseite
	1x Schnittteil „Satchel“ Seiten im Stoffbruch

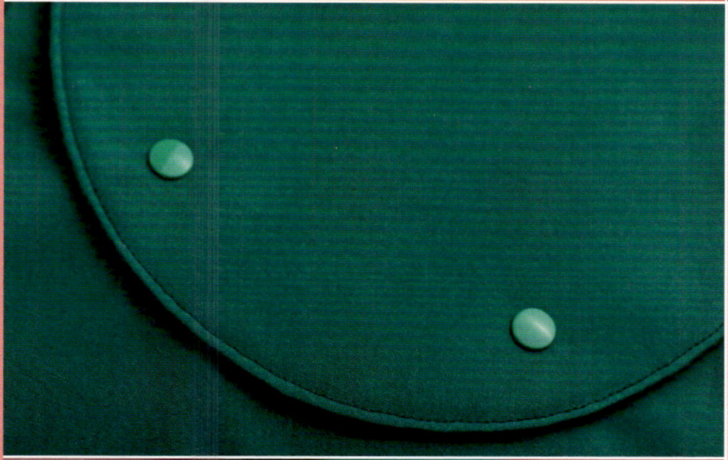

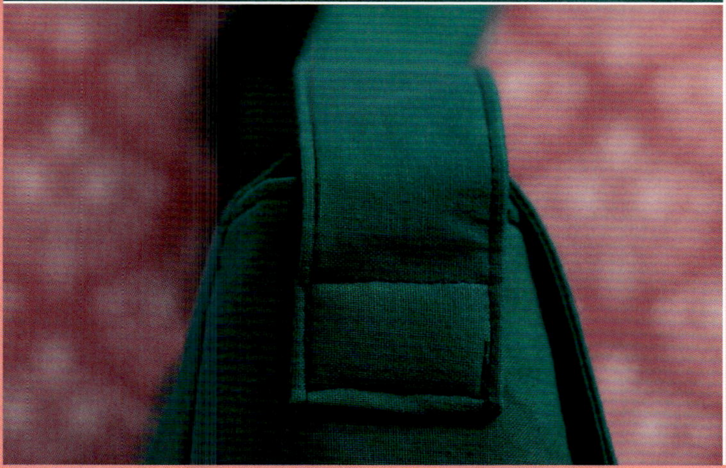

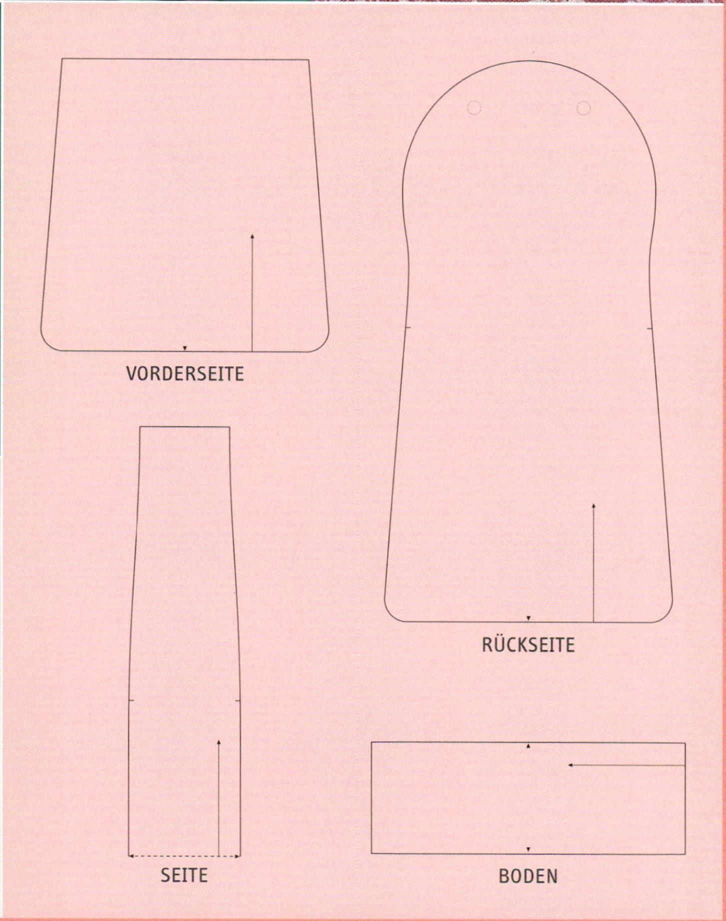

Meine Technik

Was kann man alles mit einem Schnittmuster anstellen? So einiges! Hier ein paar Ideen, wie ein schr ödes Schnittmuster professionell aufgepeppt und die Grundmodelle entsprechend den eigenen Vorstellungen abwandelt werden können. Ich wünsche viel Vergnügen mit dem ganz persönlichen Schnittmuster!

Rüschen auf eine Tasche aufnähen

MATERIAL

- Stoffstreifen in verschiedenen Farben
- Stoff für die Tasche
- Schnittmuster der Tasche
- Handnähnadel und Garn

ANLEITUNG

1 Das Schnittmuster für die Tasche abzeichnen und den Papierschnitt gemäß Abbildung in ca. 5 cm breite Streifen (je nach gewünschter Länge der Rüschen) schneiden. Die Streifen des Papierschnittes auf den Taschenstoff legen und mit Nahtzugabe zuschneiden.

Taschenstoff	siehe Schnittmuster für Shopper (Seite 30) oder für die gewünschte Tasche, dabei sind eine oder beide Taschenseiten in Streifen geschnitten
Rüschen	10x Stoffstreifen aus 5 verschiedenen Stoffen oder gemäß Vorlage

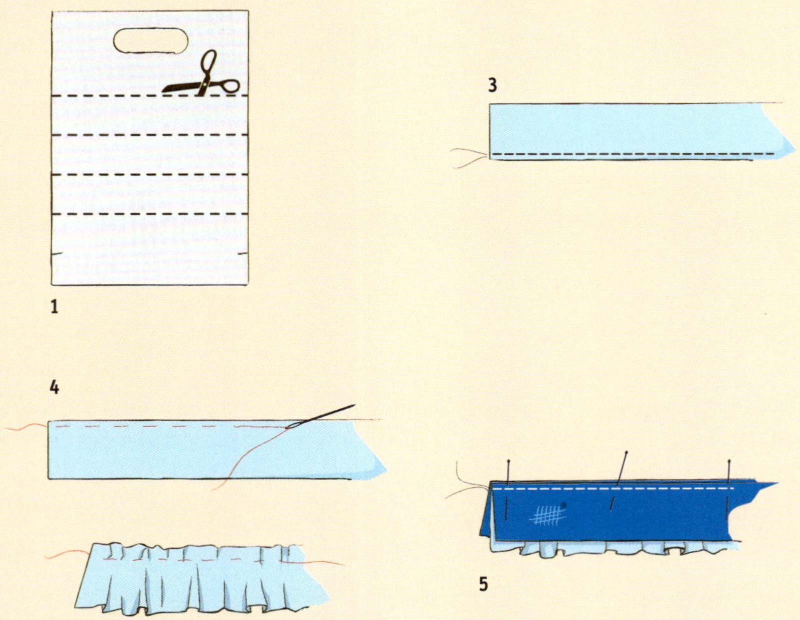

2 Für die Rüschen Stoffstreifen zuschneiden. Die Maße richten sich nach der Größe der Tasche und nach der gewünschten Länge der Rüschen. Die Breite der Tasche abmessen: Die Stoffstreifen für die Rüschen sollten jeweils 1,5–2x so lang sein, wie die Tasche breit ist. Die Breite der Stoffstreifen richtet sich nach den Streifen, in die das Schnittmuster geteilt wurde: 3 cm für Überlappung und Nahtzugabe zur gewünschten Länge der Rüschen addieren. Wenn das Schnittmuster in 5 cm breite Streifen geschnitten wurde, sollten die Rüschen also mind. 8 cm breit zugeschnitten werden.

3 Jeweils eine lange Seite der Stoffstreifen für die Rüschen schmal säumen: 2x knapp nach links legen und absteppen.

4 Die zweite lange Seite der Stoffstreifen von Hand oder mit der längsten Sticheinstellung an der Nähmaschine heften und die Rüschen durch ein vorsichtiges Ziehen an der Naht auf die Breite der Tasche einkräuseln. Die Falten dabei möglichst gleichmäßig verteilen.

5 Zwei Taschenstreifen rechts auf rechts legen und einen Rüschenstreifen mit der eingekräuselten Kante zwischen die Stofflagen schieben. Alle drei Stofflagen zusammennähen. Die Nahtzugaben versäubern und flach nach oben bügeln. Ebenso die anderen Rüschenstreifen einnähen. Wenn die Rüschen fertig sind, die Tasche nach der Grundanleitung nähen.

Blende mit Rüschen aufsetzen

MATERIAL

- 4 einfarbige Stoffstreifen für die Rüschen
- Stoffstreifen für die Blende
- Stoff für die Tasche
- Schnittmuster der Tasche
- Handnähnadel und Garn

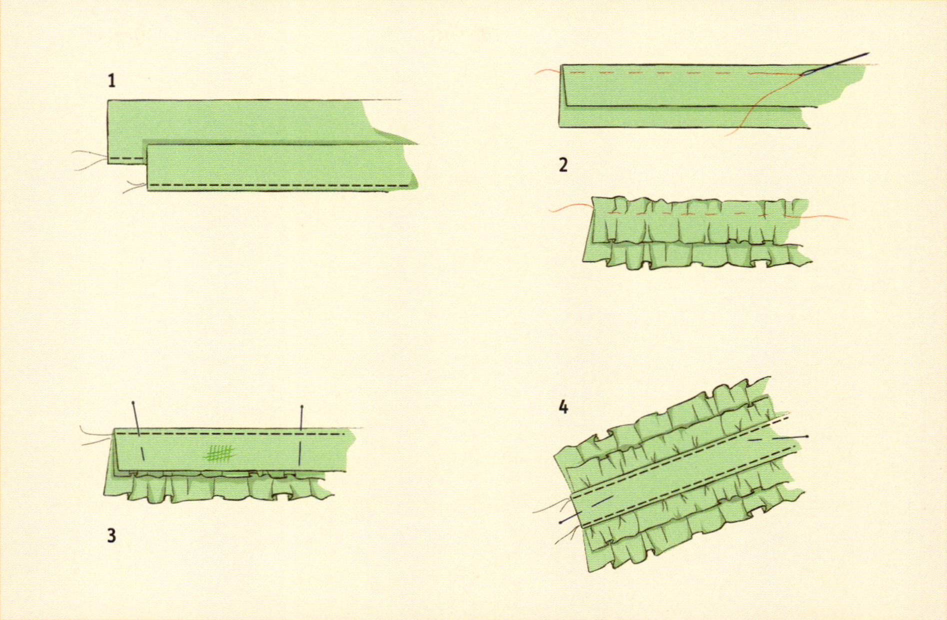

Taschenstoff	siehe Schnittmuster für Clutch (Seite 16) oder für die gewünschte Tasche, dabei sind eine oder beide Taschenseiten in Streifen geschnitten
Rüschen	1x Stoffstreifen für Blende
	4x Stoffstreifen für Rüschen (2 schmale, 2 etwas breitere Streifen)

Die Maße der Stoffstreifen hängen von den Maßen der Tasche ab. Zur gewünschten Länge der Blende (der mittlere Stoffstreifen) auf jeden Fall eine Nahtzugabe addieren. Die Stoffstreifen für die Rüschen sollten jeweils 1,5–2x so lang wie die Blende sein. Die Breite der Rüschen und die Breite der Blende sind Geschmackssache; jedoch nicht die Nahtzugaben vergessen.

ANLEITUNG

1 Jeweils eine lange Seite der Stoffstreifen für die Rüschen schmal säumen: 2x knapp nach links legen und absteppen. Wenn die kurzen Seiten der Stoffstreifen für die Rüschen später nicht in einer Naht verschwinden, diese ebenfalls schmal säumen.

2 Jeweils einen schmaleren auf einen breiteren Stoffstreifen für die Rüschen legen, sodass die rechten Seiten nach vorne zeigen und die ungesäumte lange Seite nach oben zeigt. Die ungesäumte lange Seite jeweils von Hand heften, dann die Rüschen durch ein vorsichtiges Ziehen an der Naht auf die gewünschte Länge einkräuseln. Die Falten dabei möglichst gleichmäßig verteilen.

3 Eine doppelte Rüsche und die Blende rechts auf rechts legen und zusammennähen. Wenn die kurze Seite der Blende nicht in einer Naht verschwinden soll, diese nach links legen und die Blende erst dann auf die Rüschen nähen. Die zweite doppelte Rüsche auf dieselbe Weise an die Blende nähen. Dann die Nahtzugaben zur Blende hin bügeln und die Blende auf die Tasche aufnähen.

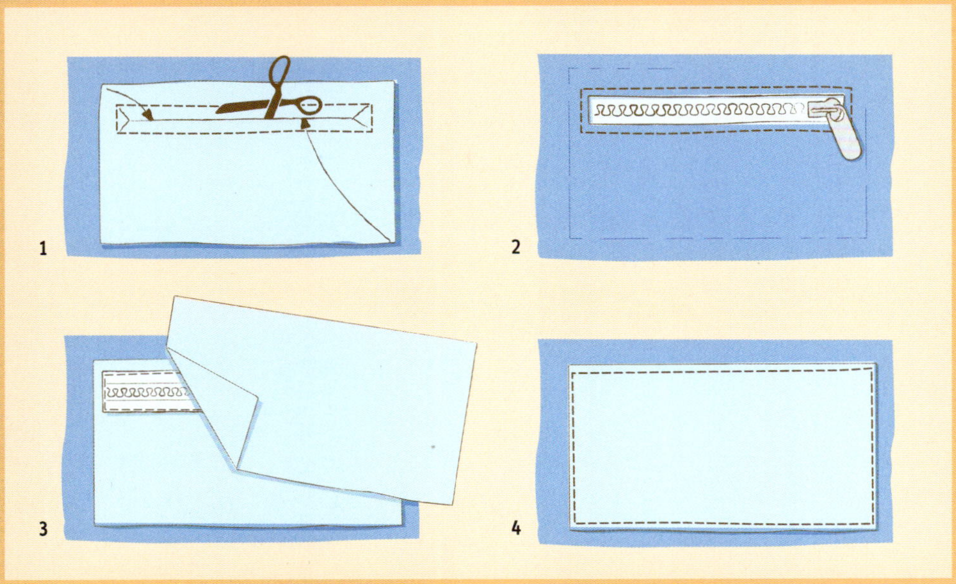

Versteckte Tasche einarbeiten

MATERIAL

- Reißverschluss, 16 cm lang
- 2x Innentasche, 18 cm x 16 cm

ANLEITUNG

1 Den einen Stoffzuschnitt für die Innentasche rechts auf rechts auf den Taschenstoff legen. Dann für den Reißverschluss mit der Nähmaschine ein ca. 1 cm x 15 cm langes Rechteck auf die beiden Stofflagen aufsteppen. Das Rechteck durch beide Stofflagen hindurch gemäß Abbildung mit einer spitzen Schere aufschneiden: An den Enden des langen Schlitzes befinden sich zwei Y-förmige Einschnitte zu den Ecken des Rechtecks hin. Jetzt den Stoffzuschnitt für die Innentasche durch den Schlitz auf die Rückseite des Taschenstoffs stülpen und alles bügeln.

2 Den Reißverschluss hinter den Schlitz legen, sodass die rechte Seite des Reißverschlusses nach vorne zeigt. Dann den Reißverschluss rundherum am Stoff der Tasche festnähen.

3 Nun noch die kleine Tasche selbst anfertigen: Dazu den zweiten Stoffzuschnitt für die Innentasche rechts auf rechts auf den ersten, bereits festgenähten Stoffzuschnitt legen.

4 Die Innentasche rundherum zusammennähen; dabei beachten, dass der Stoff der Tasche nicht mit festgenäht wird und man von außen die Naht nicht sieht.

Futterstoff 1x Schnittteil Innentasche

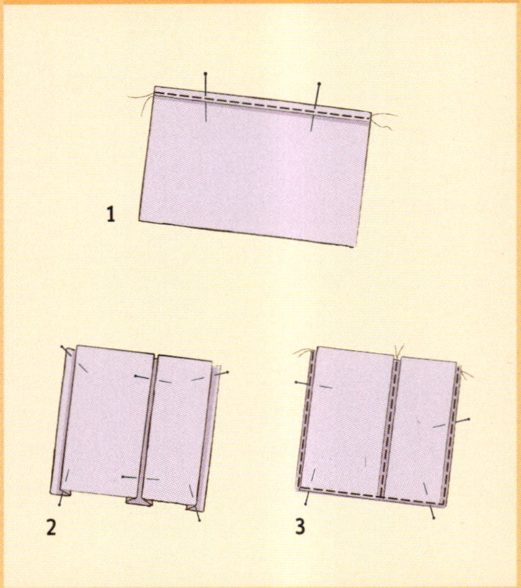

Tasche im Futter

MATERIAL

- Stoffrest, 25 cm x 16 cm

SCHNITTMUSTERBOGEN B

ANLEITUNG

1 Den oberen, langen Rand des Stoffstreifens schmal säumen: 2x knapp nach links legen und absteppen.

2 Den Stoff wie abgebildet in Falten legen und die Falten mit Stecknadeln fixieren.

3 Die Seiten und den Boden der Innentasche knapp nach hinten umklappen, am Futterstoff der Tasche feststecken und festnähen. Eine weitere Naht in der Falte nähen.

Tasche aufnähen

Die kleine Tasche sieht mit oder ohne Klappe hübsch aus. Auf dem Schnittmusterbogen B gibt es zwei unterschiedliche Varianten „Aufgenähte Tasche 1".

MATERIAL

- Stoffreste für Tasche und Klappe
- Druckknopf, ø 12 mm
- Rest Vlieseinlage H 250

SCHNITTMUSTERBOGEN B

Oberstoff	1x Schnittteil Tasche außen
	1x Schnittteil Klappe
Futterstoff	1x Schnittteil Tasche innen
	1x Schnittteil Klappe
Vlieseinlage	1x Schnittteil Tasche innen
	1x Schnittteil Klappe

ANLEITUNG

1 Die Vlieseinlage auf die Zuschnitte aus Futterstoff bügeln. Dann die Schnittteile Klappe rechts auf rechts aufeinander nähen; dabei eine Öffnung zum Wenden lassen. Die Klappe auf rechts wenden und die Seiten und den unteren Bogen der Klappe knappkantig absteppen.

2 Das Schnittteil Tasche außen aus Oberstoff nach Vorlage in Falten legen und rechts auf rechts auf das Schnittteil Tasche innen aus Futterstoff legen. Die Ränder schließen; dabei am oberen Rand eine Öffnung zum Wenden lassen. Die Tasche auf rechts wenden und den oberen Rand knappkantig absteppen.

3 Die kleine Tasche mit Stecknadeln an der gewünschten Stelle der Handtasche fixieren und die Seiten und den unteren Rand festnähen. Ebenso die Klappe der kleinen Tasche annähen. Dann den Druckknopf befestigen.

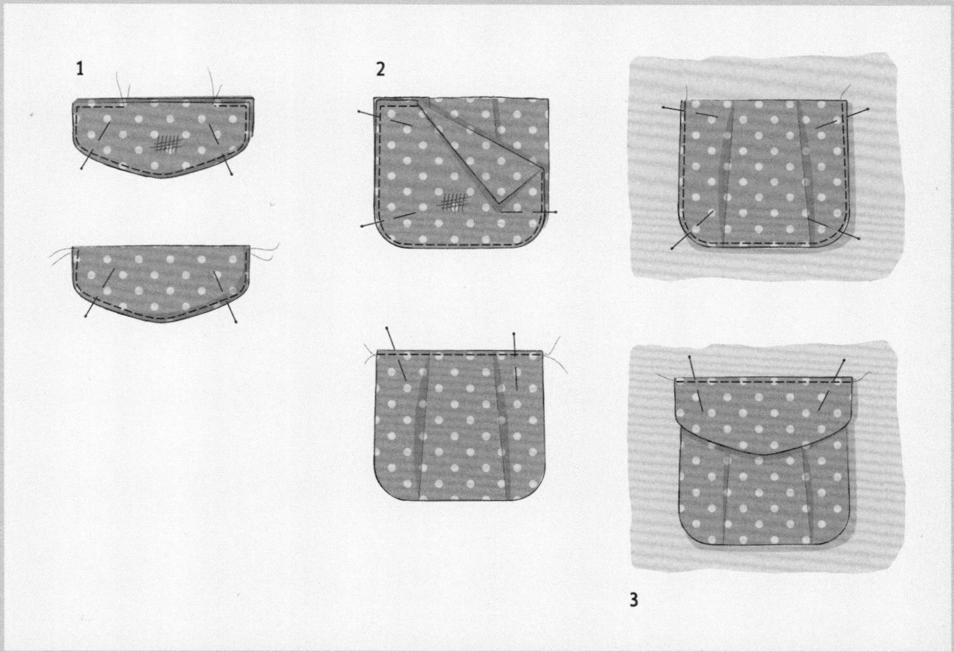

Kellerfalte einbauen

In manche Taschen kann man eine hübsche, sogenannte Kellerfalte einnähen. Wunderbar sieht es aus, wenn man dann noch den oberen Teil der Tasche zur Akzentuierung aus einem andersfarbigen Stoff näht.

MATERIAL

- Stoff für oberes Taschenteil
- Stoff für unteres Taschenteil
- Schnittmuster der Tasche

SCHNITTMUSTERBOGEN B

Taschenstoff, Futterstoff und Vlieseinlage	siehe Schnittmuster für Hobo (Seite 62) oder für die gewünschte Tasche

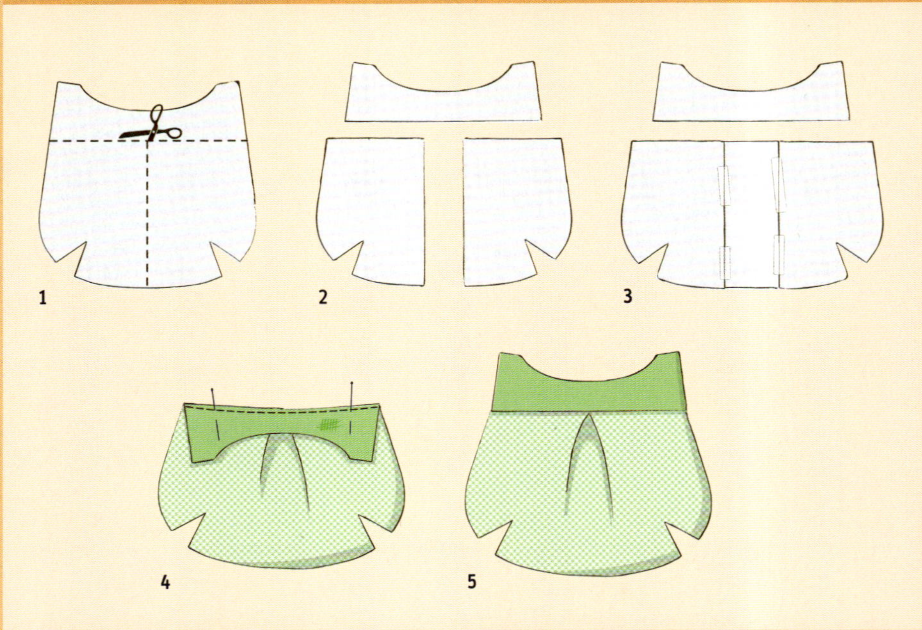

ANLEITUNG

1 Das Schnittmuster für die Tasche abzeichnen und eine waagerechte, einige Zentimeter vom oberen Rand entfernte Linie einzeichnen. Der Abstand zum oberen Rand richtet sich nach der Größe der Tasche und danach, wie breit der obere Teil der Tasche sein soll. Die Mitte des unteren Schnittteils der Tasche abmessen und eine senkrechte Linie einzeichnen.

2 Den Papierschnitt an den eingezeichneten Linien in drei Teile schneiden.

3 Für die spätere Falte einen Papierstreifen mit Klebefilm zwischen die beiden Hälften des unteren Schnittteils kleben. Um die Breite des Papierstreifens zu ermitteln, die gewünschte Faltenbreite mit 4 multiplizieren: Bei 3 cm breiten Falten muss der Papierstreifen also 12 cm breit sein.

4 Nun das Schnittmuster für die Tasche auf die Stoffe übertragen und alle Stoffteile mit Nahtzugabe ausschneiden. Das untere Schnittteil mittig in gegenüber liegende 3 cm breite Falten legen, sodass der zusätzliche Stoff nach innen gewölbt liegt. Dann das untere Teil der Tasche an das obere Teil der Tasche nähen.

5 Die Schnittteile aus Futterstoff ebenfalls mit Falte anlegen. Dann die Tasche wie gewohnt weiter nähen.

Paspelband anfertigen

Ein Paspelband an einer Naht ist ein tolles Highlight, da es wie ein Rahmen wirkt. Man kann ein Paspelband ohne viel Aufwand selbst herstellen und zwischen zwei Lagen Stoff einnähen.

MATERIAL

- Baumwollstoff für Paspel
- Dünne Anorakkordel
- Reißverschlussfuß für die Nähmaschine

ANLEITUNG

1 Den Stoff in 4 cm breite, diagonal zum Fadenverlauf liegende Streifen schneiden. Evtl. mehrere kurze Streifen zu einem langen Schrägband aneinander nähen. Dann die Streifen längs falten und bügeln.

2 Die Anorakkordel in die Stofffalte legen und den Stoff neben der entstandenen Wulst mit dem Reißverschlussfuß und großer Stichlänge absteppen, sodass eine Paspel entsteht.

3 Das Paspelband rechts auf rechts auf das erste Schnittteil heften, sodass die Stoffränder außen liegen. Dann das zweite Schnittteil ebenso rechts auf rechts auf das Paspelband legen. Die Naht knapp neben der Wulst des Paspelbandes schließen. Nach dem Wenden der Schnittteile zeigt das Paspelband nach außen.

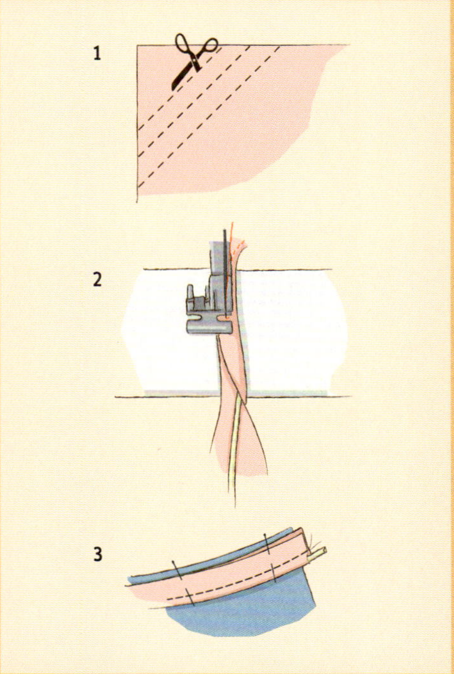

Patchworkstoff gestalten

MATERIAL

- Stoffreste für Patchwork
- Vlieseinlage H 630 (Volumenvlies)

ANLEITUNG

1 Die Stoffreste zu unterschiedlich großen Streifen, Rechtecken oder Quadraten schneiden und alle Schnittteile zu einem Patchworkstoff zusammennähen. Nahtzugaben einplanen: Die genähte Fläche aus Schnittteilen muss wegen der erforderlichen Nahtzugaben größer sein als das Schnittmuster für die Tasche.

2 Die Vlieseinlage auf die Rückseite des Patchworkstoffes bügeln. Dann das Schnittmuster auf den Patchworkstoff legen und die Schnittteile mit Nahtzugabe zuschneiden. Die Tasche gemäß Anleitung nähen.

Verschlussklappe einnähen

Einige Taschen sind oben offen, haben also keine Verschlussklappe und keinen Reißverschluss. Wem das zu unsicher ist, der kann eine Verschlussklappe „nachrüsten". Die erste, schmale Variante eignet sich für Taschen mit gebogenem Rand, die zweite, breite Variante für Taschen mit geradem Rand. Die letztgenannte Variante passt speziell zur Kosmetiktasche: Sie wird dort zwischen der Tasche aus Oberstoff und der Zuglasche befestigt.

VARIANTE 1

MATERIAL

- Stoffreste für Verschlussklappe
- 1–2 Druckknöpfe, ø 12 mm
- Rest Vlieseinlage H 250

SCHNITTMUSTERBOGEN A

ANLEITUNG

1 Die Vlieseinlage auf den Zuschnitt aus Futterstoff bügeln. Dann die beiden Schnittteile rechts auf rechts legen und am Rand zusammennähen; dabei eine Öffnung zum Wenden lassen.

2 Die Klappe auf rechts wenden und den Rand der Klappe bis zur Markierung im Schnittmuster knappkantig absteppen.

3 Den unteren, nicht abgesteppten Teil der Klappe mittig auf die eine Seite der Tasche legen und festnähen. Dann eine oder zwei Druckknopfoberseiten an der Klappe befestigen. Auf der Tasche die genaue Stelle des Druckknopfes (der Druckknöpfe) abmessen und die Druckknopfunterseite(n) fixieren.

VARIANTE 1	
Oberstoff, Futterstoff und Vlieseinlage	je 1x Schnittteil Verschlussklappe 1

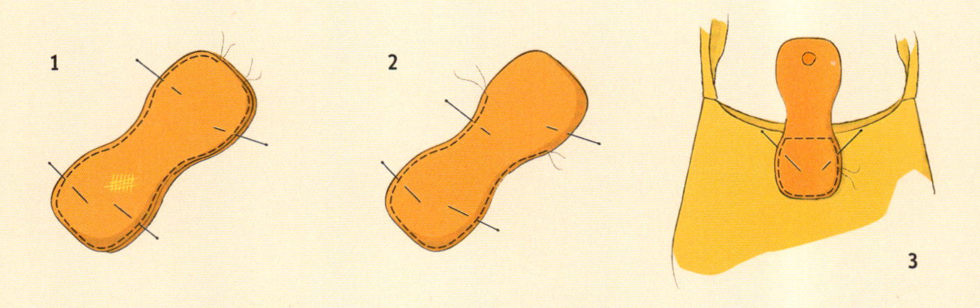

VARIANTE 2	
Oberstoff, Futterstoff und Vlieseinlage	je 1x Schnittteil Verschlussklappe 2

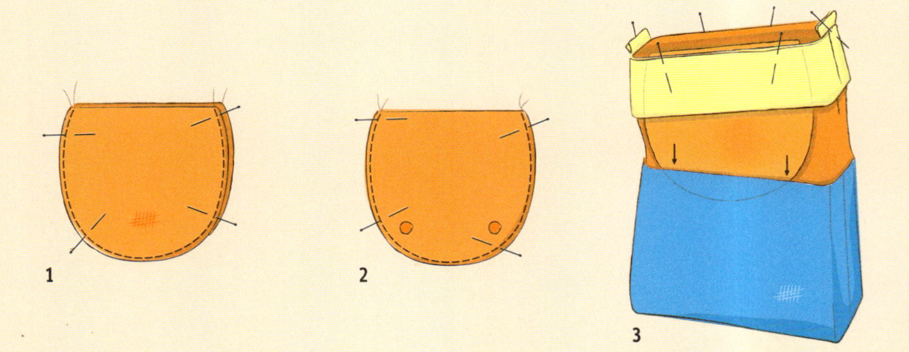

VARIANTE 2

MATERIAL

- Stoffreste für Verschlussklappe
- 2 Druckknöpfe, ø 12 mm
- Rest Vlieseinlage H 250

ANLEITUNG

1 Die Vlieseinlage auf den Zuschnitt aus Futterstoff bügeln. Dann die Schnittteile rechts auf rechts legen und an der Rundung zusammennähen.

2 Die Klappe auf rechts wenden und am Rand knappkantig absteppen. Der gerade Rand bleibt dabei offen und wird später in einer Naht „versteckt“. Die beiden Druckknopfoberseiten anbringen.

3 Die Klappe wird beim Zusammennähen der Taschenteile aus Oberstoff und aus Futterstoff mit festgenäht: Dazu die Klappe mittig am oberen Rand der auf rechts gewendeten Tasche aus Oberstoff feststecken. Die rechte Seite der Klappe (Außenseite) zeigt zur rechten Seite des Oberstoffes. Dann die Tasche aus Oberstoff in die Tasche aus Futterstoff schieben und alles am oberen Rand zusammennähen. Zum Schluss die genaue Stelle des Druckknopfes abmessen und die Druckknopfunterseiten fixieren.

Träger einarbeiten

MATERIAL

- Stoffstreifen aus Oberstoff, 110 cm x 40 cm
- Stoffstreifen aus Futterstoff, 110 cm x 40 cm

SCHNITTMUSTERBOGEN B

Oberstoff, Futterstoff und Vlieseinlage	je 1x Schnittteil Träger

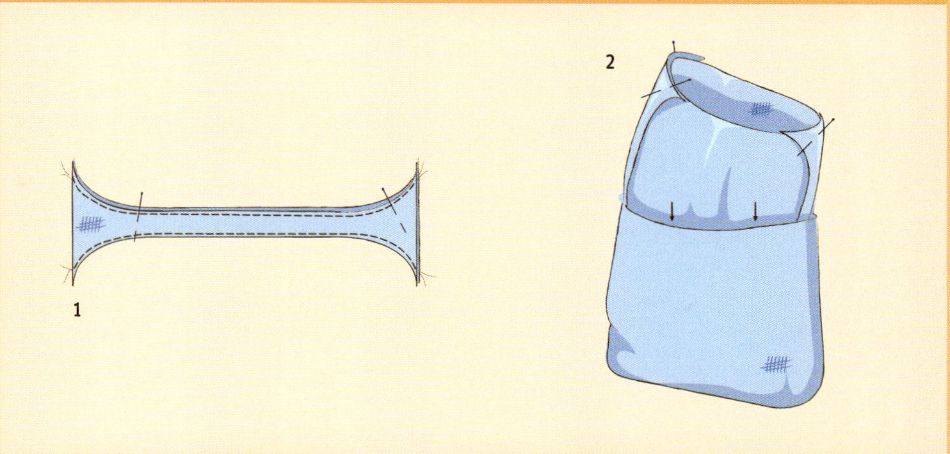

ANLEITUNG

1 Die Vlieseinlage auf den Zuschnitt aus Futterstoff bügeln. Dann die beiden Zuschnitte rechts auf rechts legen und die langen, gebogenen Seiten des Trägers schließen. Den Träger auf rechts wenden, bügeln und die langen Seiten knappkantig absteppen.

2 Die Enden des Trägers seitlich an der auf rechts gewendeten Tasche aus Oberstoff feststecken, sodass der Träger rechts auf rechts auf dem Oberstoff der Tasche liegt. Die Stoffränder der Träger und der Tasche liegen dabei aufeinander. Dann die Tasche aus Oberstoff in die Tasche aus Futterstoff schieben und alles am oberen Rand zusammennähen. Die Tasche gemäß der Anleitung weiter nähen.

Formate ändern, Schnitte anpassen

HOCHFORMAT ZU QUERFORMAT ÄNDERN ... ODER UMGEKEHRT

Es gibt Taschen, die sowohl im Hoch- als auch im Querformat toll aussehen, z. B. die Schultertasche von Seite 8. Will man eine Tasche vom Hochformat ins Querformat ändern oder umgekehrt, dreht man bei einigen Taschen das Schnittmuster einfach um 90°. Bei der Schultertasche enthält das Schnittmuster bereits die Markierungen für die Enden der Reißverschlüsse für beide Taschenvarianten. Die Länge des Reißverschlusses bleibt gleich. Um den Shopper ins Querformat zu bringen, einfach den Griff und die Bodenfalte versetzen.
Bei manchen Taschen ist jedoch eine Drehung des Schnittmusters um 90° nicht sinnvoll. Bei diesen Taschen kann man aber einen Streifen in der Mitte des Schnittmusters für die Tasche herausschneiden, um die Tasche zu verkleinern, oder einen Papierstreifen hinzufügen, um die Tasche zu vergrößern. So sieht z. B. die Messenger Bag von Seite 50 als 12 cm breitere Tasche ebenfalls sehr gut aus. Wenn die Ränder des Schnittteils dann nicht mehr durchgängig verlaufen, das Schnittteil auf ein anderes Papier übertragen und die Ränder von Hand korrigieren. Das neue Schnittmuster ausschneiden und die Tasche wie gewohnt nähen.

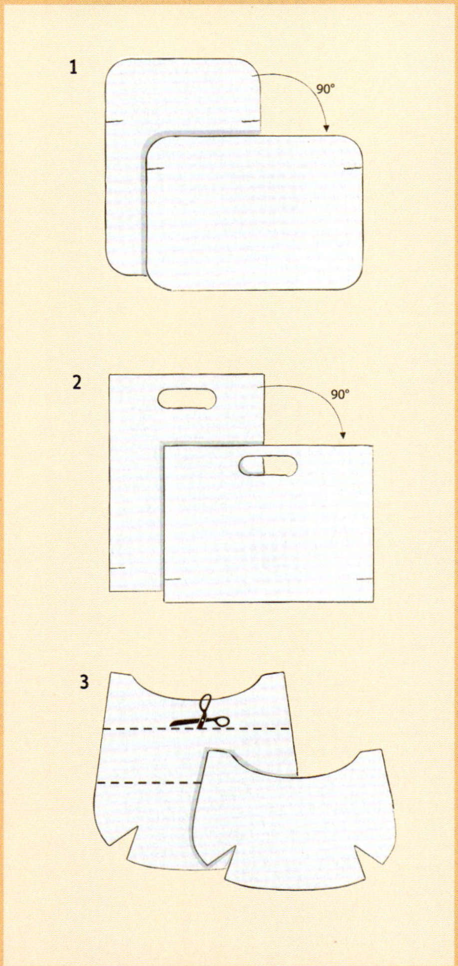

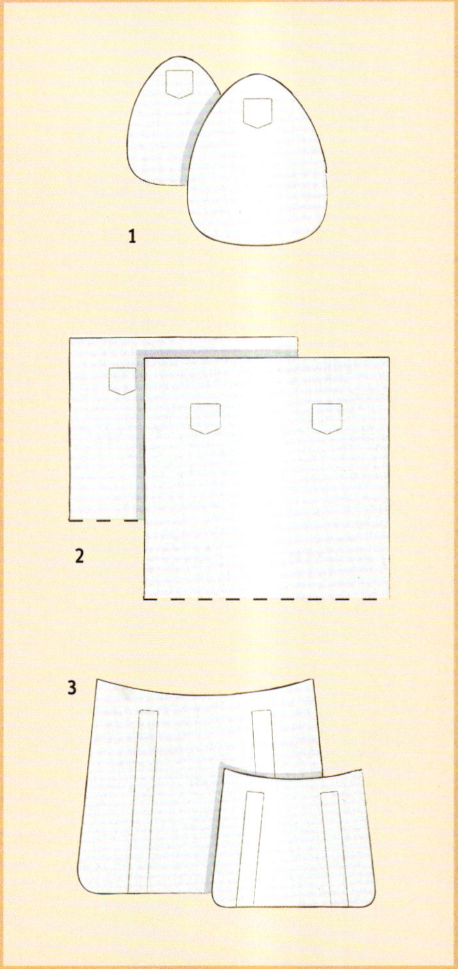

SCHNITT VERGRÖSSERN ODER VERKLEINERN

Am leichtesten lassen sich Schnittmuster für Taschen im Copyshop vergrößern oder verkleinern. Dazu vor dem Kopieren alle Schnittteile auf ein weißes Papier zeichnen. Um das Schnittmuster von Hand zu verkleinern oder zu vergrößern, alle Schnittteile abmessen und im gewünschten Maßstab (z. B. 2:1) von Hand auf ein weißes oder ein kariertes Papier zeichnen. Allzu genau muss man dabei nicht sein: Bei Taschen sind, im Gegensatz zu Kleidungsstücken, die genauen Maße und Formen in der Regel nicht so sehr von Bedeutung. Die Weekender kann z. B. prima zu einer Kindertasche verkleinert werden. Den Schnitt gibt es auf dem Schnittmusterbogen B „Weekender mini".

Außerdem befindet sich auf Schnittmusterbogen A ein vergrößertes Schnittmuster für die Baguette, die „Baguette XL". Damit die XL-Tasche nicht zu lang wird, wurden einfach nach der Vergrößerung wenige Zentimeter aus der Mitte des Schnittteils herausgeschnitten.

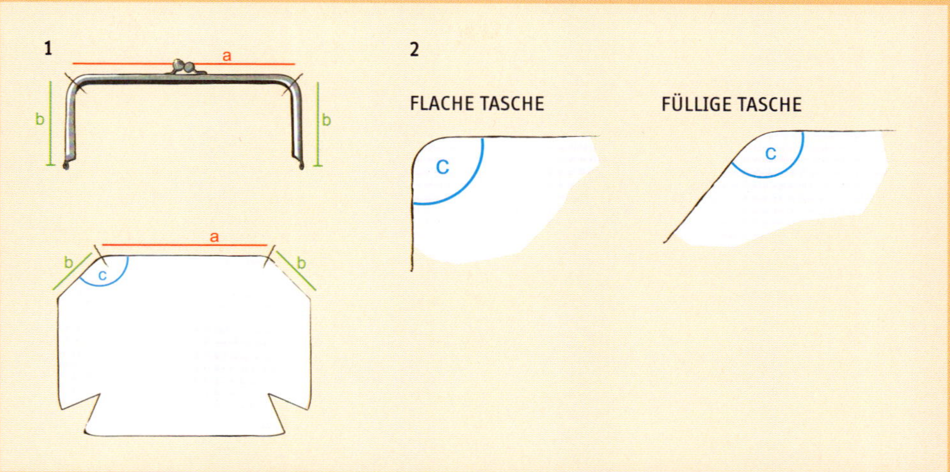

SCHNITTMUSTER FÜR FRAME BAG ANPASSEN

Der Handel bietet Taschenbügel in vielen Varianten an: gerade oder leicht gebogene Taschenbügel, Taschenbügel in verschiedenen Größen, Taschenbügel zum Zusammendrücken oder zum Zusammennähen, Taschenbügel mit abgerundeten oder mit spitzen Ecken ... Manchmal ist es also notwendig, die Form des Taschenrands an die Form des Taschenbügels anzupassen, damit die Tasche genau im Rahmen sitzt, und das Schnittmuster dementsprechend anzupassen. Für einen 16 cm x 7,5 cm großen Taschenbügel enthält der Schnittmusterbogen A den Schnitt „Frame klein".

ANLEITUNG

1 Den Taschenbügel ausmessen und die Maße notieren: Die Strecke b beginnt in der Mitte der Niete und endet auf der Höhe der äußeren Ecke des Taschenbügels. Die Strecke a beginnt auf der Höhe der einen äußeren Ecke und endet auf der Höhe der anderen äußeren Ecke des Taschenbügels.

2 Der Winkel c des Schnittteils im Schnittmuster beträgt ca. 135°. Der Winkel des Schnittteils kann vergrößert oder verkleinert werden: Je größer der Winkel ist, desto mehr Volumen erhält die Tasche. Hat der Rahmen einen kleineren Winkel, muss auch der Winkel auf dem Schnittteil kleiner sein.

3 Die Abnäher am Boden der Tasche aus dem Schnitt „Frame Bag" (siehe Seite 12) im Schnittmuster übernehmen und evtl. in der Größe anpassen. Bevor der Taschenbügel montiert wird, die Länge des oberen Rands der Tasche noch einmal genau abmessen: Die Längen der Strecken a und 2x b sollten mit denen der Strecken a und 2x b Ihres Schnittmusters übereinstimmen. Die Tasche nun wie gewohnt anfertigen.

Leder und andere Highlights

TASCHENBODEN MIT LEDER VERSTÄRKEN

MATERIAL

- Leder in gewünschter Größe
- Kontaktkleber
- Stoff für die Tasche
- Schnittmuster der Tasche

SCHNITTMUSTERBOGEN B

ANLEITUNG

1 Den Papierschnitt für die Tasche in der Mitte senkrecht falten, dann eine gebogene oder gerade Linie für den Lederboden auf die eine Hälfte der Tasche aufzeichnen. Für einen symmetrischen Lederboden jetzt die Linie auf die andere Hälfte der Tasche abpausen.

2 Den Boden auf ein weiteres Stück Papier übertragen. Dieses Schnittmuster auf das Leder übertragen und zuschneiden; dabei die Nahtzugabe beachten. Das Leder mit Kontaktkleber auf das Schnittteil aus Oberstoff kleben und den oberen Rand des Leders feststeppen. Dann die Tasche weiter nähen.

3 Fortgeschrittene können noch die Abnäher „wegschummeln": Dazu müssen zunächst die Abnäher an den Schnittteilen aus Oberstoff genäht werden. Die beiden Enden gemäß der Pfeile an das Mittelstück schieben und mit Klebefilm befestigen, dann die Ecken oberhalb der Abnäher leicht abrunden. Das Schnittteil evtl. auf ein weiteres Stück Papier übertragen. Dann wird der Lederboden aufgeklebt und festgenäht. Am besten klappt das, wenn die Schnittkante des Leders dicht am Abnäher liegt. Anschließend die zwei Teile der Tasche rechts auf rechts legen und die Seitennähte und die Bodennaht schließen. Dann die Tasche weiter gemäß Anleitung nähen.

Taschenstoff	siehe Schnittmuster für Hobo (Seite 62) oder für die gewünschte Tasche
Leder	2x Schnittteil Hobo Lederboden (Nahtzugabe siehe Seite 90 „Verarbeitung von Leder")

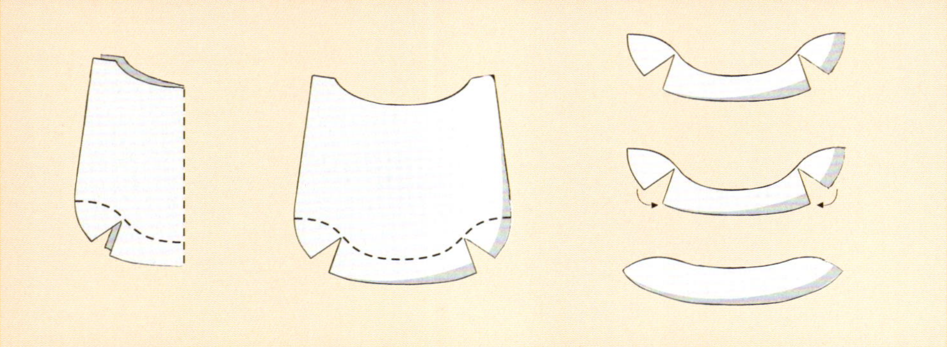

AKZENTE SETZEN

Manchmal reicht es, ein kleines Highlight aus Leder auf die Tasche zu nähen – und schon ist die Tasche ein besonderer Hingucker! Praktisch ist es, wenn für die Applikation eine besonders beanspruchte Stelle der Tasche ausgewählt wird.

MATERIAL

- Echt- oder Kunstlederrest oder LKW-Plane

SCHNITTMUSTERBOGEN B

ANLEITUNG

Den Lederzuschnitt mit doppelseitigem Klebeband auf die gewünschte Stelle des Schnittteils aus Oberstoff kleben, dann absteppen. Siehe hierzu die Hinweise zur Verarbeitung von Leder (Seite 90).

Leder	2x bzw. 4x Schnittteil Leder (für Satchel oder Bowling Bag)

Tipps und Tricks zur Verarbeitung

BÄNDER UND BORTEN Mit Bändern und Borten kann man tolle Highlights setzen. Webbänder vor dem Verarbeiten bügeln, da sie immer ein wenig schrumpfen. Besonders leicht lassen sich Bänder und Borten aufnähen, wenn sie zuvor mit einem doppelseitigen, gewebefreien Klebeband befestigt werden.

ECKEN NÄHEN Um ein gerades Stück Stoff um die Ecke eines anderen Stoffs zu nähen, den geraden Stoff an der Stelle, die an der Ecke liegen wird, einige Millimeter weit einschneiden. Den Stoff dann wie abgebildet um die Ecke stecken und festnähen. Bei einem Bogen den geraden Stoff mehrmals einschneiden, um den Bogen legen und dann festnähen. In beiden Fällen darauf achten, dass die Naht neben dem Einschnitt verläuft.

GESTREIFTE STOFFE Beim Verarbeiten von gestreiften Stoffen sollten die Streifen beim fertigen Werkstück immer in die gleiche Richtung zeigen – also entweder immer von oben nach unten oder immer von rechts nach links. Bei symmetrisch gestreiften Stoffen kann der Stoff um 180° gedreht werden, bei asymmetrisch gestreiften Stoffen nicht.

LINKS AUF LINKS Bedeutet, dass die beiden Stofflagen beim Zusammennähen mit der Stoffrückseite zueinander liegen, die schöne Seite des Stoffes liegt also außen.

NAHTZUGABE Die Schnittvorlagen in diesem Buch enthalten keine Nahtzugabe. Die Nahtzugabe muss daher nach dem Auflegen des Schnittmusters auf den Stoff dazugerechnet werden. Die Breite der Nahtzugabe richtet sich nach Ihrem Geschmack und nach den Orientierungshilfen, die Sie auf der Bodenplatte Ihrer Nähmaschine finden. Meine Maschine hat eine Einkerbung bei 1 cm, somit ist die Nahtzugabe bei mir immer 1 cm.

RECHTS AUF RECHTS Bedeutet, dass die beiden Stofflagen beim Zusammennähen mit der Stoffvorderseite zueinander liegen, die schöne Seite des Stoffes liegt also innen.

REISSVERSCHLÜSSE Der Handel bietet unzählige Varianten an Reißverschlüssen. Die in diesem Buch am häufigsten verwendeten Reißverschlüsse sind so genannte Profilverschlüsse mit Zähnchen aus Kunststoff. Für kleine Taschen empfiehlt sich eine Zähnchengröße von ca. 3 mm, für sportliche oder große Taschen eine Zähnchengröße von 5 mm.

STOFFBRUCH Einige Schnitte enthalten den Hinweis „Im Stoffbruch zuschneiden". In diesen Fällen ist das Schnittmuster nur zur Hälfte auf dem Schnittmusterbogen aufgezeichnet. Zum Übertragen des Schnittes auf den Stoff falten Sie den Stoff im Fadenlauf und legen Sie die gestrichelte Linie des Schnittmusters – also den Stoffbruch – auf die gefaltete Linie. Dann können Sie den Schnitt mit Nahtzugabe ausschneiden.

SIGNET Wenn Sie schon Taschen nähen, sollten Sie ihnen auch Ihren Stempel aufdrücken. Das ist wörtlich gemeint: Lassen Sie sich einen Stempel mit Ihrem Zeichen und/oder Ihrem Namen anfertigen. Das Signet können Sie dann mit dem Stempel und einem Stoff-Stempelkissen auf Ihre Tasche stempeln. Oder Sie lassen sich kleine Namensbänder anfertigen, die Sie in eine Naht einnähen oder auf die Tasche aufnähen.

SCHRÄGBAND/SCHRÄGSTREIFEN Im Handel gibt es fertiges Schrägband, in der Regel einfarbiges, zum Teil auch kariertes oder gestreiftes Schrägband. Mit einem Schrägbandformer können Sie zu den Stoffen Ihrer Taschen passende Schrägbänder anfertigen.

STICHARTEN Bei den Taschen in diesem Buch werden vier verschiedene Sticharten verwendet: der Steppstich zum Schließen der Nähte, der Zickzackstich, der simulierte Overlock-Stich oder der echte Overlock-Stich (falls eine Overlock-Maschine vorhanden ist) zum Versäubern der Stoffränder.

VERSTÜRZEN Bedeutet das Wenden der zusammengenähten Stoffteile. Ecken werden vor dem Wenden des Stoffes diagonal abgeschnitten. Dabei 2 mm Stoff von der Schnittkante bis zur Naht stehen lassen. Rundungen müssen vor dem Wenden des Stoffes eingeschnitten werden: Außenrundungen v-förmig einschneiden, jedoch wieder 2 mm Stoff stehen lassen. Bei Innenrundungen gerade Schnitte machen, damit die Naht nach dem Wenden des Stoffes flach liegt, ebenfalls 2 mm Abstand zur Naht halten.

WENDEÖFFNUNG Wendeöffnungen braucht man z. B. beim Zusammennähen von Futterstoff und Oberstoff einer Tasche. Am leichtesten geht das Wenden auf rechts, wenn an einer geraden Seite der Tasche eine Öffnung in einer Naht zwischen Futterstoff und Oberstoff gelassen wird. Damit die Naht später weniger sichtbar ist, kann man die Wendeöffnung auch an einer der Nähte im Futterstoff einplanen.

Mein Material

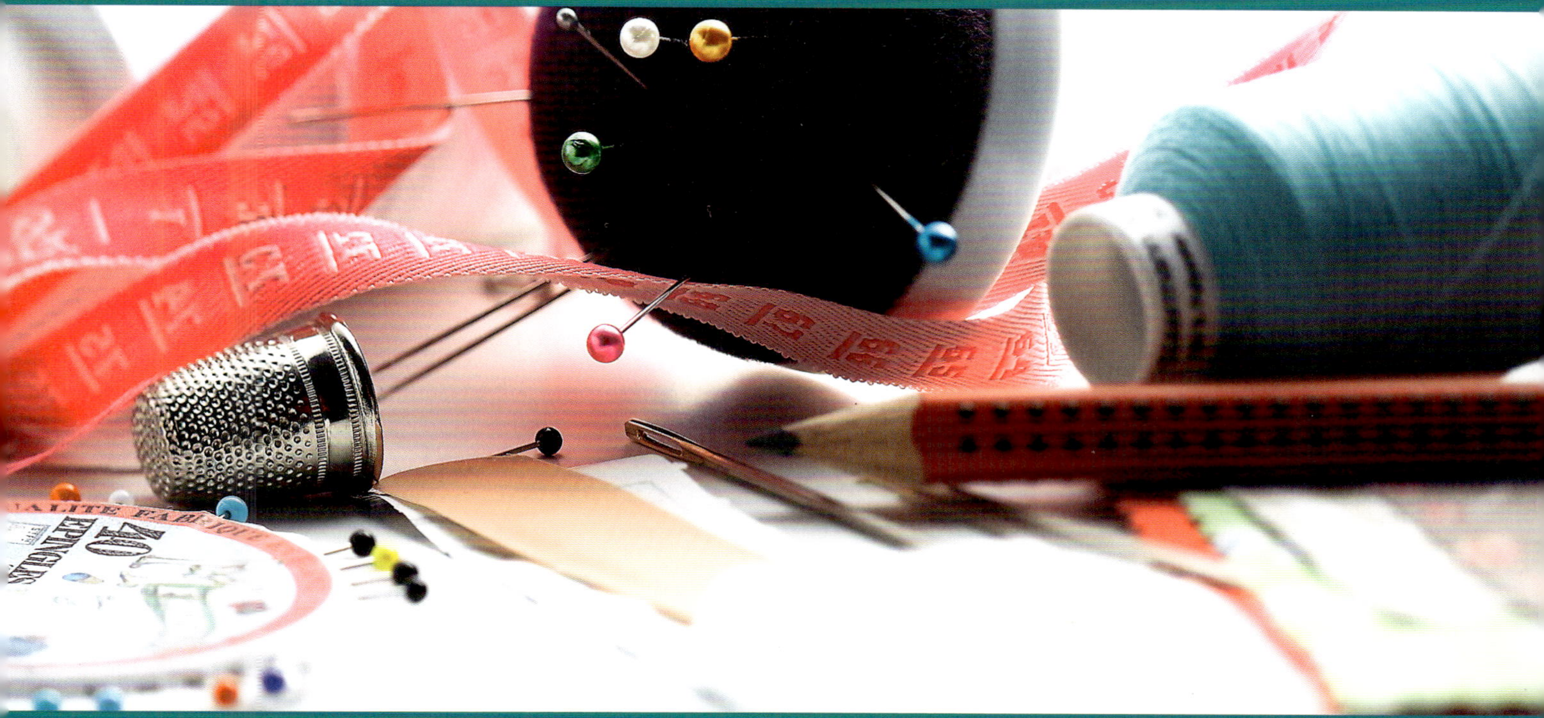

Beim Nähen von Taschen braucht man für die Stoffauswahl am meisten Zeit: Soll es der rot gepunktete Stoff sein oder lieber der grüne Stoff mit den zarten Rosen? Wie würde es aussehen, wenn beide Stoffe kombiniert werden? Die Alternativen sind schier unbegrenzt. Hier erfahren Sie alles über die Beschaffenheit und die Verwendungsmöglichkeiten unterschiedlicher Stoffe. Für das Lieblingsmuster müssen Sie sich selbst entscheiden.

Stoffe

Stoffe lassen sich in zwei Gruppen einteilen: Stoffe aus Naturfasern (pflanzlicher und tierischer Herkunft) und Stoffe aus Chemiefasern (aus pflanzlichen und synthetischen Rohstoffen).
Zu den pflanzlichen Naturfasern gehören alle Baumwollarten, aber auch Flachs, Leinen, Jute, Hanf usw.
Zu den tierischen Naturfasern gehören Seidenstoffe und alle Wollstoffe (Tierhaare). Alle diese Stoffe haben spezielle Eigenschaften, die charakteristisch für sie sind. Chemiefasern hingegen sind „Fasern nach Maß".
Auch hier werden zwei Gruppen unterschieden:
Fasern aus pflanzlichen Rohstoffen (Viscose) und Fasern aus synthetischen Rohstoffen (Polyamid, Polyester, Polyacryl usw.).
Wichtig für die Auswahl des Stoffes ist es, den späteren Verwendungszweck zu kennen. Oft verlocken aber auch die Farbe oder die Oberfläche bei der Auswahl eines Stoffes und die Funktionalität ist weniger von Bedeutung.
Bei der Verarbeitung zu Taschen sind etwas schwerere bzw. steifere Stoffe, die einen besseren Stand haben, leichteren Stoffen vorzuziehen. Dekorative Elemente können auch aus dünneren Qualitäten gearbeitet werden. Ist der gewünschte Stoff zu dünn, kann man ihn auch durch das Aufbügeln von Einlagen (Vlieseline) fester und stabiler machen.

BAUMWOLLSTOFFE

Baumwollstoffe sind nicht nur in der Taschenproduktion sehr beliebt. Sie sind vielseitig einsetzbar. Es gibt sehr unterschiedliche Baumwollstoffe: von leichter bis schwerer Qualität, naturbelassen, bedruckt oder bunt gewebt, mit glatter oder weniger glatter, hochglänzender oder stumpfer Oberfläche, mit Struktur (z. B. Cord, Piqué, Frottier), mit Folienbeschichtung oder mit Appretur (Oberflächenbehandlung, die sich meist auswaschen lässt). Beimischungen von anderen Fasern geben der Baumwolle neue Eigenschaften (z. B. wird Baumwollstoff durch 5 % Elasthan elastisch und damit formstabiler).
Beim Kauf auf die Wasch- und Pflegehinweise am Stoff achten. Ansonsten ist Baumwolle bei Temperaturen bis zu 60° C und weiße Stoffe sind sogar bei Temperaturen bis zu 95° C waschbar; dabei gleiche Farben zusammen waschen. Bei der ersten Wäsche kann der Stoff bis zu 3% einlaufen. Das Trocknen im Wäschetrockner ist nicht empfehlenswert, da die Stoffe durch die mechanische Beanspruchung weicher werden und schnell ausleiern. Mit einer milden Seifenlauge können kleine Flecken entfernt werden, ohne dass gleich die ganze Tasche gewaschen werden muss.

JEANS ODER DENIM

Ein sehr starker und haltbarer Stoff mit einer speziellen Bindung (Twill): Die Kettfäden (längs) sind blau, die Schussfäden (quer) weiß. Der Stoff wirkt dadurch wie diagonal gestreift. Es gibt klassische und modische Varianten von Jeans oder Denim. „Used" oder „stone washed" bedeuten, dass der Stoff bereits vorgewaschen oder vorbehandelt wurde. Besonders authentisch sehen Taschen aus Jeans oder Denim aus, wenn die Nähte in kupferfarbenem Garn gesteppt wurden, am besten doppelt und leicht versetzt.

ACHTUNG! Die blaue Farbe von Jeans oder Denim – Indigo oder Ersatzfarben mit ähnlichem Erscheinungsbild – färbt sehr stark ab. Beim Verarbeiten können sich die Hände und beim Tragen der Tasche kann sich auch die Kleidung blau färben. Ein Grund, diesen Stoff auf jeden Fall vor der Verarbeitung zu waschen.

VERARBEITUNG

Durch seine Festigkeit hat man manchmal Probleme beim Aufstecken der Schnittteile. Beschweren Sie daher beim Aufzeichnen und Zuschneiden die auf dem Stoff liegenden Schnittteile am besten mit Gewichten. Zum Nähen eine starke Nähmaschinennadel oder eine spezielle Jeansnadel verwenden und die Stichlänge nicht zu klein wählen. Evtl. kann auch ein etwas dickerer Oberfaden gewählt werden.

SEGELTUCH ODER CANVAS

Bei Segeltuchen oder Canvas handelt es sich um festere, dickere Baumwollstoffe, deren Fäden vor der Herstellung nicht eingefärbt wurden. Naturbelassen und in Kombination mit Leder sehen diese Stoffe besonders edel und zugleich sportiv aus.

VERARBEITUNG

Segeltuch oder Canvas wird wie Jeansstoff verarbeitet. Den Stoff wegen seiner Stärke lieber einlagig und, falls vorhanden, mit einer elektrischen Schere zuschneiden. Bei Segeltuch oder Canvas ist das Fixieren mit Einlage oft überflüssig. Steppen Sie die Nähte doppelt; so hält die Tasche sehr lange.

BESCHICHTETE BAUMWOLLE

Bei den beschichteten Baumwollstoffen werden zwei Qualitäten unterschieden: die Beschichtung mit Kunststofffolie und die Beschichtung mit Silikon. Beschichtete Baumwollstoffe eignen sich optimal für Taschen, da sie wasser- und schmutzabweisend sind. Besonders beim Nähen von Wasch- und Kosmetiktaschen bieten sie sich an, da kein großer Schaden entsteht, falls Flüssigkeiten in den Taschen auslaufen. Bei der industriellen Fertigung von Taschen werden die Nähte zusätzlich mit einem speziellen Band überklebt (getaped), um auch sie wetterfest zu machen. Beschichtete Baumwollstoffe können problemlos bei 40 °C gewaschen werden, oder die verschmutzten Stellen einfach mit einem Lappen gesäubert werden.
Bei den mit einer einfarbigen oder bedruckten Kunststofffolie beschichteten Baumwollstoffen befindet sich die hochglänzende bis seidenmatte Folie auf der Vorderseite des Stoffes. Der Stoff kann auf der Rückseite gebügelt werden. Es gibt verschiedene Materialien, mit denen die Stoffe beschichtet sein können, z. B. Polyester- oder Polyurethanfolien. Man erkennt diese Stoffe sehr leicht daran, dass ihre beschichtete Oberfläche stark glänzt und haptisch an eine Kunststofftüte erinnert. Die Beschichtung dieser Stoffe kann an Metall haften, also am Nähfuß „kleben" bleiben.

VERARBEITUNG

Zum Nähen dieser leicht haftenden Stoffe sollte man ein spezielles Teflonfüßchen verwenden. Zwei Papierstreifen rechts und links der Naht können beim Nähen ebenfalls weiterhelfen. Die Papierstreifen aber bitte nicht mit festnähen! Zum Nähen eine große Stichlänge einstellen. Sind die Stiche zu klein, wird der Stoff perforiert und die Naht hält nicht. Bei beschichteten Baumwollstoffen bleiben Nadelstiche dauerhaft sichtbar. Deshalb anstelle von Stecknadeln die Schnittteile lieber mit Klebefilm, Wäscheklammern oder Gewichten fixieren. Leider bleiben die Nadelstiche auch bei wieder aufgetrennten Nähten sichtbar.
Beschichtete Baumwollstoffe nur von links unter einem Bügeltuch bügeln. Dabei das Bügeleisen beim Bügeln nicht auf dem Stoff vorwärts schieben, sondern lieber nach und nach auf den Stoff stellen. Es gibt auch Teflonsohlen zum Nachrüsten von Bügeleisen. Bei der Verarbeitung von beschichteten Baumwollstoffen ist es sinnvoll, an Stoffresten vorher Näh- und Bügelproben zu machen.

ACHTUNG! Beim Bügeln mit Dampf kann der heiße Dampf nicht durch das Gewebe dringen und strömt deshalb neben dem Bügeleisen seitlich heraus. Dabei können Sie sich leicht verbrennen.

Bei den mit Silikon beschichteten Baumwollstoffen muss man auf einen weichen, „textilen“ Griff nicht verzichten. Die Beschichtung ist auf den ersten Blick nicht erkennbar. Die mit Silikon beschichteten Stoffe sind sogar zusätzlich mit einer PTFE-Ausrüstung wasser- und schmutzabweisend imprägniert.

VERARBEITUNG

Mit Silikon beschichtete Baumwollstoffe lassen sich wie normale, mittelschwere Baumwollstoffe leicht verarbeiten. Für diese Stoffe wird an der Nähmaschine kein Teflonfüßchen benötigt, da sie nicht an Metall haften. Auch bei den mit Silikon beschichteten Stoffen beim Zuschneiden keine Nadeln in den Stoff stecken, da die Löcher sichtbar bleiben, sondern besser mit Gewichten arbeiten. Den Stoff sicherheitshalber nur von links bügeln, vorher an einem Stoffrest eine Näh- und Bügelprobe machen.

PROFITIPP

Für besonders robuste Nähte mit hohen Ansprüchen kann man als Oberfaden auch Knopflochseide verwenden. Testen Sie die optimale Einstellung von Ober- und Unterfaden an einem Stoffrest.

ACHTUNG! „Do it yourself“ beim Beschichten von Baumwollstoffen mit Silikonfugenmasse ist heikel, da Silikon aus dem Baumarkt Giftstoffe und Pestizide enthalten kann, die man nicht zu nahe am Körper tragen sollte. Geeigneter sind Imprägniersprays, die textile Oberflächen wasserabweisend machen und in der Handhabung ebenfalls unproblematischer sind. Bitte die Herstellerangaben auf dem Produkt beachten.

CORD UND SAMT

Cord und Samt gehören zu den Stoffen mit niedrigem Flor. Der Flor entsteht durch eine spezielle Webart, die auf der Stoffoberseite beim Weben Fadenschlingen entstehen lässt. Diese Fadenschlingen werden aufgeschnitten und so lange gebürstet und bearbeitet, bis sie weich und homogen die charakteristische glänzende Haardecke der Stoffe bilden. Bei Cord ist die Haardecke gestreift, bei Samt vollflächig. Cord und Samt besitzen eine Strichrichtung. Um diese festzustellen, streicht man längs zur Webkante über den Stoff.
Durch den Flor ist Samt schwer zu verarbeiten, da er unkontrolliert rutscht oder sich die Härchen des Flors ineinander verhaken. Je großflächiger der Flor ist, umso problematischer ist die Verarbeitung. Cord ist deshalb einfacher zu verarbeiten als Samt.

VERARBEITUNG

Alle Stoffteile müssen in der gleichen Strichrichtung zugeschnitten werden, da sie sonst unterschiedlich stark glänzen. Cord und Samt vorsichtig und nur von links unter einem Bügeltuch bügeln, damit die Härchen nicht platt gedrückt werden. Samt und Cord reißen leicht ein und fransen dann unschön aus. Mit Einlage, die auf die Rückseite des Stoffes aufgebügelt wird, kann man besonders beanspruchte Stellen, wie z. B. Ecken, vor dem Einreißen schützen.
Vor dem Nähen die Stoffteile mit Nadeln zusammenstecken und nur wenig Platz zwischen den einzelnen Nadeln lassen, dabei immer wieder die Härchen plattdrücken, um ein unkontrolliertes Verrutschen oder Verhaken des Stoffes zu verhindern. Cord und Samt können meist bei 40 °C gewaschen werden. Die mechanische Beanspruchung im Trockner lässt den Flor wieder aufstehen und die Stoffe sehen wieder wie neu aus. Ist doch einmal der Samt an den Nähten der Tasche platt gebügelt, können Sie mit dem Dampf des Bügeleisens mit etwas Abstand von rechts über die Stellen fahren und die Haare mit einer Kleiderbürste vorsichtig hochstreichen.

JERSEY-, INTERLOCK- ODER SWEATSHIRT-STOFFE

Diese Stoffe sind elastische Maschenwaren und sind für sich alleine genommen für Taschen nur eingeschränkt zu verwenden. Werden sie jedoch mit einem unelastischen, formstabilen Innenfutter versehen, kann man auch mit ihnen gut arbeiten. Es ist sinnvoll, Jersey-, Interlock- oder Sweatshirt-Stoffe mit einem Elastikstich oder einem leichten Zickzackstich zu nähen, damit die Nähte nicht reißen. Besonders professionell ist es, diese Stoffe mit der Overlock-Maschine zu verarbeiten. Zur Verstärkung dieser elastischen Stoffe gibt es spezielle Einlagen.

SATIN

Satinstoffe aus Natur- oder Chemiefasern sind feine, glänzende Stoffe, die vor allem für Festliches genutzt werden. Bei der Verarbeitung von Satin bieten sich kleine (Abend-)Taschen wie Clutches oder Frame Bags an. Besonders gelungen wird der Auftritt, wenn die Tasche zum Kleid oder zum Anzug passt.

VERARBEITUNG

Satinstoffe fransen nach dem Zuschneiden leicht aus. Deshalb nach dem Zuschneiden der Stoffteile die Ränder sofort mit einem Zickzack- bzw. Versäuberungsstich oder mit der Overlock-Maschine versäubern. Satin rutscht und verzieht sich leicht; verstärken Sie daher den Stoff vor dem Nähen mit einer Vlieseinlage.

SPITZENSTOFFE

Spitzenstoffe sind immer „en vogue"! Es gibt gestickte oder gestrickte Spitze, elastische oder unelastische Spitze, Spitze aus Natur- oder Chemiefasern, Spitze mit oder ohne Bogenkanten, schwere oder leichte Spitze sowie Spitze in allen erdenklichen Farben. Aufgrund dieser Vielfalt ist auch der Einsatz von Spitze extrem vielfältig. Spitzenstoffe sind immer ein Eyecatcher!

PERLEN- ODER PAILLETTENSTOFFE

Stoffe, die vollflächig oder akzentuiert mit Perlen oder Pailletten bestickt wurden, sind aus der Taschenproduktion nicht wegzudenken. Bei der Verarbeitung dieser Stoffe ist daran zu denken, dass im Bereich der Nahtzugabe keine Perlen oder Pailletten liegen dürfen. Über Perlen kann man nicht nähen, und auch Pailletten machen beim Nähen oft Probleme. Deshalb müssen sie vor dem Nähen vorsichtig abgetrennt werden. Die abgetrennten Perlen oder Pailletten bewahrt man am besten auf, man kann sie evtl. später an den Nähten wieder annähen. Bei elastischem Trägerstoff mit Elastikstich oder Zickzackstich arbeiten.

BROKAT

Brokatstoffe sind Stoffe, die meist aus Seide (SE) auf einem Jacquard-Webstuhl hergestellt wurden. Jeder Kettfaden kann beim Weben von Brokatstoffen einzeln gesteuert (gehoben oder gesenkt) werden. Das macht die Stoffe fein und wertvoll und dementsprechend teuer. Auf der Rückseite des Brokatstoffes ist das Negativmuster zu sehen.

FILZ

Filz ist kein gewebter oder gestrickter Stoff, sondern ein Verbund aus Fasern, der durch mechanische Beanspruchung, Feuchtigkeit, Wärme und Druckausübung entsteht. Die Ränder fransen beim Filz nicht aus und müssen nicht versäubert werden. Es gibt Filz in unzähligen Farbvariationen, Materialzusammensetzungen, Stärken und Oberflächenbeschaffenheiten. Die Handhabung von Filz ist einfach. Dies alles macht den Filz – vor allem bei Nähanfänger(-innen) – zu einem begehrten Allroundtalent. Leider ist vor allem der dünne Bastelfilz kein „Stoff fürs Leben" und er kann nicht gewaschen werden.

VERARBEITUNG

Filz besitzt keinen Fadenlauf. Er kann daher platzsparend zugeschnitten werden, da keine Fadenrichtung beim Zuschneiden berücksichtigt werden muss. Wenn Filz mit Vlieseline verstärkt werden soll, ein Tuch über die zu bügelnde Stelle legen. Anderenfalls kann der Filz bei hohen Temperaturen angesengt werden.

WALKSTOFFE

Walkstoff wird aus Web- oder Maschenware hergestellt, die durch mechanische Beanspruchung, Wärme, Feuchtigkeit und Druck verfilzt wird. Die Oberfläche wird dadurch dichter und wasserabweisend. Walkstoff besitzt also einen Fadenlauf. Walkstoff ist in seiner Handhabung einfach und unkompliziert. Er ist kalt waschbar, läuft beim ersten Waschen allerdings noch etwas ein. Die Nahtzugaben müssen nicht unbedingt versäubert werden. Da der Stoff leicht dehnbar ist, empfiehlt sich eine Verstärkung des Stoffes mit einer Vlieseinlage.

Kreative Materialien für Taschen

KUNSTLEDER UND ECHTLEDER

Kunstleder und Echtleder können zum Nähen einer ganzen Tasche, oder aber auch nur für einzelne Teile einer Tasche genutzt werden, z. B. für beanspruchte Ecken, zur Befestigung von Trägern oder für Taschenböden. Dabei ist fast egal, ob mit Kunstleder oder echtem Leder gearbeitet wird.

ACHTUNG! Bei Applikationen aus Kunstleder oder Echtleder kann auf eine Nahtzugabe verzichtet werden. Wird Kunstleder oder Echtleder jedoch in eine Naht zwischen zwei Stofflagen genäht, ist eine Nahtzugabe auf jeden Fall erforderlich.

KUNSTLEDER (Skai und unzählige Varianten)

Kunstleder von der Rolle ist eine kostengünstige Variante zum Echtleder. Die Oberseite besteht meist aus Chemie- oder Naturfasern und kann aufgeraut (Wildleder), geprägt (Schlangenleder), strukturiert (Krokodilleder), glatt, gefärbt, geschliffen usw. sein. Die Rückseite des Kunstleders besteht meist aus einem Trägergewebe. Kunstleder ist zwar wasserabweisend, an den Nähten von Taschen aus Kunstleder kann jedoch Wasser eindringen. Optisch sind Kunstleder und Echtleder nur schwer zu unterscheiden. Am Geruch erkennt man allerdings das Echtleder sofort.

ACHTUNG! Beim Bügeln mit Dampf kann der Dampf nicht durch das Gewebe dringen und strömt deshalb neben dem Bügeleisen seitlich heraus. Dabei können Sie sich verbrennen.

VERARBEITUNG

Nadelstiche bleiben am Kunstleder sichtbar. Auch aufgetrennte Nähte sind leider zu sehen. Deshalb die einzelnen Stoffteile statt mit Stecknadeln nur mit Klebefilm, Wäscheklammern oder Gewichten fixieren. Es ist sinnvoll, vor der Verarbeitung an Lederresten Näh- und Bügelproben zu machen. Nähen Sie Kunstleder am besten mit Teflonfüßchen an der Nähmaschine und mit rechts und links parallel zur Naht aufgelegten Papierstreifen, über die das Füßchen läuft. Den Papierstreifen nicht mit festnähen. Wählen Sie beim Nähen von Kunstleder eine große Stichlänge. Sind die Stiche zu klein, wird der Stoff perforiert und die Naht hält nicht. Für besonders robuste und beanspruchte Nähte kann man als Oberfaden auch Knopflochseide verwenden. Ermitteln Sie die optimale Einstellung von Ober- und Unterfaden an einem Stoffrest.
Kunstleder nur von links und unter einem Bügeltuch bügeln. Das Bügeleisen dabei nicht auf dem Stoff voranschieben, sondern lieber nach und nach auf den Stoff stellen. Es gibt auch Teflonsohlen zum Nachrüsten von Bügeleisen.

ECHTLEDER

Echtleder ist die Haut eines Tieres, die durch viele komplizierte Vorgänge vom Gerber haltbar gemacht wurde. Die Stärke sowie die Größe der Haut variiert von Tier zu Tier. Die Haut ist nicht homogen, sondern weist unterschiedliche Partien auf. Freilaufende Tiere verletzen sich an Zäunen oder bei Kämpfen; auch diese Verletzungen sieht man später auf der Lederhaut noch. Echtleder erkennt man zum einen an seinem ledertypischen Geruch und zum anderen am Ledersiegel. Es sollte vor Feuchtigkeit geschützt werden, da es sonst steif wird. Gerollt und trocken gelagert hält es auch unverarbeitet viele Jahre. Echtleder kann nur eingeschränkt gewaschen werden. Es gibt Reinigungen, die Echtleder waschen. An Taschen sehen jedoch Gebrauchsspuren oder „Patina" gut aus. Frische Flecken auf dem Echtleder sofort mit einem weichen Tuch entfernen. Dabei das Leder nicht scheuern oder mit scharfen Reinigungsmitteln die Oberfläche des Leders verletzen.
Leder kann zum Nähen einer ganzen Tasche, aber auch nur für einzelne Teile verwendet werden, z. B. um beanspruchte Ecken zu verstärken, Träger zu befestigen oder für Taschenböden.
Verarbeitet man Echtleder, sollte man beim Einkauf des Leders unbedingt die fertigen Schnittteile mitnehmen. Man wählt eine Haut aus, legt die Schnittteile auf und versucht, den Verschnitt – also den Abfall – möglichst gering zu halten. Abgemessen wird die Haut traditionell meist immer noch nach einer englischen Flächeneinheit, den qfs (squarefeets = Quadratfuß). Die Größe der Haut wird dann auf die Rückseite der Haut gedruckt.

VERARBEITUNG

Die einzelnen Häute gewissenhaft auf der rechten Seite kontrollieren und schadhafte Stellen beim Zuschnitt umgehen. Der mittlere Teil (Croupon) ist der stärkste und homogenste Teil einer Lederhaut. Die Schnittteile beim Zuschneiden nicht mit Nadeln, sondern mit Gewichten fixieren. Die Nähte mit Wäscheklammern oder doppelseitigem (gewebefreien) Klebeband fixieren. Zum Befestigen von Flächen bietet sich ein spezieller Leder-Kontaktkleber an. Das Leder und den Stoff mit dem Kleber einstreichen und trocknen lassen. Dann beide Teile fest aufeinander pressen und einige Zeit fixieren. Eine zusätzliche Dekornaht um den Rand herum nähen – so wird die Tasche sehr stabil. Nahtzugaben ebenfalls mit Textil- oder Lederkleber auseinanderkleben, auch Säume werden geklebt. Beim Nähen eine Ledernadel und robusteres Nähgarn verwenden, eine große Stichlänge einstellen. Zudem können bei der Verarbeitung ein Teflonfüßchen an der Nähmaschine und zwei Papierstreifen (siehe Kunstleder) hilfreich sein. Leder nur vorsichtig von links bügeln.

PROFITIPP

Nähen Sie das gleiche Taschenmodell aus Stoff zu, bevor Sie sich an das Leder wagen. Dann kennen Sie die Vorgehensweise und mögliche Tücken genau und vermeiden es, Nähte auf dem Leder auftrennen zu müssen. Die Löcher aufgetrennter Nähte bleiben bei Leder nämlich dauerhaft sichtbar.

ECHTPELZ

Echtpelz ist ebenso wie Echtleder Tierhaut, bei der allerdings die Haare nicht entfernt wurden. Echtpelz wird durch den Kürschner in vielen Arbeitsgängen haltbar gemacht. Pelze werden auch als Rauchwaren bezeichnet. Eine gute Alternative zu Echtpelzen sind Kunstpelze.

KUNSTPELZ

Oft sind Kunstpelze (im Gegensatz zu Samt) hochflorig, d. h. sie haben lange „Haare" oder Zotteln, die auf einem gewebten oder gewirkten Trägerstoff aufgebracht sind. Man kann bei Kunstpelz aus einer Vielzahl von Farben, Haarlängen oder von imitierten Tierarten auswählen.

VERARBEITUNG

Das Zuschneiden ist im wahrsten Sinne des Wortes eine „haarige" Sache, am besten den Staubsauger bereithalten, um zu vermeiden, dass sich die Haare des Kunstpelzes zu stark verbreiten. Beim Zuschneiden nur das Trägergewebe durchtrennen, nicht aber die Haare des Pelzes abschneiden. Beim Nähen streicht man mit einem flachen Gegenstand (z. B. einem stumpfen Messer oder der Rückseite eines Messers) den Flor der Nahtzugabe in Richtung Naht, damit die Naht schön wird. Kunstpelz nur von links bügeln. Vor der Verarbeitung an einem Stoffrest eine Näh- und Bügelprobe machen.

PROFITIPP

Sollten doch einmal zu viele Haare in die Naht eingenäht worden sein, zieht man anschließend die Haare vorsichtig von rechts mit einer Nadel aus der Naht heraus.

LKW-PLANE

LKW-Planen bestehen aus einem Kunststoffgewebe mit PVC-Beschichtung. Für den Einsatz im Straßenverkehr wird häufig eine Stärke von ca. 650 g/m² verwendet und das Material ist zusätzlich mit Glasfasern verstärkt. Im Kreativbereich ist es als „Fancy Canvas" erhältlich. Eine Stärke von 650 g/m² eignet sich gut für Taschen, die LKW-Plane sollte aber nicht glasfaserverstärkt sein. Diese sehr kleinen Fasern würden sich beim Nähen aus dem Material lösen, ins Innere der Nähmaschine gelangen und dort großen Schaden anrichten.

VERARBEITUNG

LKW-Plane kann zum Nähen einer ganzen Tasche oder auch nur einzelner, stark beanspruchter Teile einer Tasche, z. B. Ecken oder Kanten,

verwendet werden. Dabei mindestens eine 90er Maschinennadel und eine große Stichlänge wählen. Nadeln eignen sich nicht zum Fixieren des Fancy Canvas, da nach dem Entfernen der Nadeln die Löcher in der LKW-Plane sichtbar bleiben. Fancy Canvas vor dem Nähen besser mit doppelseitigem Klebeband ohne Gewebeeinlage fixieren. LKW-Plane kann nicht mit einer Vlieseinlage verstärkt werden, daher mehrere Schichten verwenden, wenn die Tasche mehr Halt benötigt.

ACHTUNG! Wenn Fancy Canvas als Applikation verwendet wird, kann auf eine Nahtzugabe verzichtet werden. Wird es jedoch in eine Naht zwischen zwei Stofflagen genäht, ist eine Nahtzugabe erforderlich.

TYVEK

Tyvek ist ein papiervliesartiges Material, das aus langen Endlosfasern unter Hitze und Druck hergestellt wird. Unter anderem werden Schutzanzüge aus Tyvek gefertigt. Das leichte Funktionstextil besitzt keinen Fadenlauf und kann daher materialsparend zugeschnitten werden. Es kann wie Papier bemalt, bedruckt, geprägt, geschnitten, genäht, gefaltet oder geklebt werden. Durch Hitze, z. B. durch Bügeln, kann es geschrumpft werden und so zu Blüten usw. verarbeitet werden. Tyvek ist sehr leicht, weich, atmungsaktiv und reißfest und ein idealer Stoff für Taschendetails. Kleinere Mengen Tyvek gibt es preisgünstig im Schreibwarenladen oder in einer Postfiliale: Besonders reißfähige Briefumschläge werden aus Tyvek gefertigt.

VERARBEITUNG

Die Handhabung von Tyvek ist unkompliziert und einfach. Tyvek kann wie normaler Baumwollstoff genäht werden; dabei jedoch mit großer Stichlänge arbeiten. Nadeleinstiche bleiben bei Tyvek leider sichtbar. Anstelle von Stecknadeln Klebstoff, Büroklammern o. Ä. zum Fixieren des Stoffes verwenden. Ein Versäubern der Schnittkanten ist nicht erforderlich, Tyvek reißt kaum ein.

SIE SIND DER DESIGNER: EXPERIMENTIEREN SIE!

Im Prinzip können aus sehr vielen Materialien, die genäht werden können, Taschen hergestellt werden: aus historischen Gobeline- oder Brokatstoffen vom Flohmarkt oder aus beschichtetem Tischdeckenmaterial von der Rolle aus dem Baumarkt. Auch Teichfolie oder Dampfsperren aus dem Baumarkt sind eine gute Möglichkeit. Ebenso eignen sich alte Kleidungsstücke, ausrangierte Spitzendeckchen oder Schultertücher, Kissenüberzüge, Tischläufer, Gardinen oder sogar Autositze. Es kann aus dünnem Draht (z. B. Kupferdraht) gewebt, gehäkelt oder gestrickt und dieses zu einer Tasche oder zu Taschenteilen verarbeit werden. Papierdeckchen oder Tortenspitze können mit Textilverstärker haltbarer gemacht werden. Moderne Folien können mit einem Tintenstrahldrucker oder von Hand individuaisiert werden.

Probieren Sie die ungewöhnlichsten Materialien aus und lassen Sie sich von einzigartigen Ergebnissen überraschen! – Sie sind der Künstler.

Bezugsstoff aus unserem alten VW-Bus, Baujahr 1978

Einlagestoffe

„Welche Einlage ist nun die beste?“ und „Kann man wirklich eine normale Einlage UND ein Volumenvlies für Taschen verarbeiten?!“ sind zwei der Fragen, die häufig zu den Anleitungen zum Taschennähen entstehen.
Die Entscheidung für die „richtige“ Einlage muss jeder selbst treffen. Dabei kann man sich meist auf zwei verschiedene Produkte beschränken: Die Standardbügeleinlage Vlieseline H 250 bügelt man auf den Futterstoff und ein Volumenvlies, wie z. B. Vlieseline H 630, auf den Außenstoff; in beiden Fällen natürlich auf die linke Stoffseite. Bei großen Taschen empfehlen sich stärkere Einlagen (H 320 und H 640), bei kleineren Taschen oder Beuteln, die keinen Stand haben sollen, kommt man oft auch ganz ohne Einlage aus.
Bei großen Taschen wird die Einlage am besten mit Nahtzugabe zugeschnitten; dies gibt den Taschen an den Nähten zusätzlichen Halt. Bei kleinen Taschen kann die Nahtzugabe weggelassen werden, sodass die Nähte nicht zusätzlich verstärkt werden. Die Anleitungen in diesem Buch beinhalten dennoch Empfehlungen für passende Einlagen.
Einlage zu verwenden, erscheint gerade Anfängerinnen als umständlich und überflüssig. Das Gegenteil ist aber der Fall: Einlage, vor allem die richtige Einlage, verbessert das Nähergebnis und macht aus der Tasche ein echtes Schmuckstück. Das Verarbeiten von Einlage ist einfach, der Zeitaufwand ist überschaubar und die Kosten der Einlage sind gering.
Vlieseline ist in unterschiedlichen Breiten als Meterware von der Rolle im Fachhandel erhältlich, oft in den Farben Weiß/Transparent oder Graphit. Die Produktnummer, die Pflegeanleitung sowie die empfohlene Fixierung sind am Rand der Meterware aufgedruckt.

VERWENDUNG
Die Farbe der Einlage möglichst nach dem Oberstoff der Tasche auswählen, bei dünneren Stoffen kann die Einlage sonst durchschimmern. Das gewünschte Schnittteil mit Nahtzugabe aus der Einlage zuschneiden. Dies hat den Vorteil, dass die Einlage durch die Naht und die Klebeschicht doppelt auf dem Stoff fixiert ist und nichts verrutschen kann. Vor dem Start empfiehlt es sich, eine Fixierprobe an einem Stoffrest vorzunehmen.
Den Taschenstoff glatt und ohne Falten flach auf das Bügelbrett legen, sodass die linke Seite des Stoffes oben liegt. Deckungsgleich die zugeschnittene Einlage auf den Stoff legen, sodass die Klebeschicht nach unten gerichtet auf der linken Seite des Stoffes liegt. Darauf achten, dass keine Einlage über den Stoff hinausragt und Flecken auf dem Bügelbrett verursacht. Die Einlage kann auch beim Abreißen verletzt werden. Das Bügeleisen auf die am Rand der Einlage meist in blauer Schrift vermerkte Temperatur einstellen, hier findet sich auch die für das Bügeln empfohlene Dauer. Das Bügeleisen jeweils vorsichtig und mit leichtem Druck in der angegebenen Dauer (z. B. 8 Sek.) auf die Einlage stellen, dabei arbeitet man sich Stück für Stück vor. Stoff und Einlage ohne Falten flach liegend gut abkühlen lassen, so kann sich die Einlage mit dem Stoff verbinden und ist optimal für die Weiterverarbeitung vorbereitet.

H 250

H 250 ist eine universell einsetzbare Standardbügeleinlage für leichte bis mittelschwere Stoffe. Sie gibt leichten bis mittelschweren Stoffen einen angenehmen Stand und verhindert ein ungewolltes Ausdehnen oder Verformen der Stoffe. Das Bügeleisen auf einstellen. Wie oben beschrieben fixieren und auskühlen lassen.

S 320

S 320 ist eine Schabrackeneinlage mit starkem Stand und kann bei der Herstellung von Taschen oder von Hüten zum Versteifen von vielen Arten von Stoffen verwendet werden. Das Bügeleisen auf - einstellen. Wie oben beschrieben, die Einlage unter einem feuchten Tuch liegend fixieren.

H 630

H 630 ist ein leichtes Volumenvlies zum Aufbügeln. Es können sowohl leichte Innenstoffe als auch schwere Oberstoffe mit H 630 fixiert werden. Sie erhalten damit einen voluminösen Stand und ein professionelles Aussehen. Das Bügeleisen auf - einstellen. Wie oben beschrieben, die Einlage unter einem feuchten Tuch liegend fixieren und abkühlen lassen.

DECOVIL I

Decovil I ist ein aufbügelbares Vlies mit einer lederähnlichen Struktur. Es kann hervorragend bei der Herstellung von Taschen verwendet werden und gibt der Tasche Form. Decovil I ist sehr stabil und reißfest und gleichzeitig leicht zu nähen. Bevor Sie Decovil I aufbügeln, die Stoffe waschen oder mit Dampf vorbügeln und trocknen lassen. Anschließend das Bügeleisen auf ••-••• einstellen. Wie oben beschrieben, die Einlage unter einem feuchten Tuch liegend fixieren und abkühlen lassen.

VLIESOFIX

Vliesofix ist bei Herstellung von Applikationen eine große Hilfe. Es haftet auf beiden Seiten, sodass mehrere Lagen Stoff aufeinander gebracht werden können, bevor sie mit einem Zickzackstich umrandet werden. Auch kleine Stoffteile können mit Vliesofix leicht fixiert werden, sodass sie beim Nähen nicht mehr verrutschen.

Vliesofix wird in zwei Arbeitsschritten verarbeitet: Das gewünschte Motiv spiegelverkehrt skizzieren und grob ausschneiden. Das Vlies mit der rauen Seite auf die linke Stoffseite des Motivs legen. Das Bügeleisen auf •• einstellen und vorsichtig ca. 5 Sek. lang über das noch anhaftende Papier gleiten lassen. Stoff und Einlage flach liegend bis zur Weiterverarbeitung auskühlen lassen. Das Motiv exakt zuschneiden, das Papier vom Vliesofix abziehen und die Applikation auf die gewünschte Stelle der Tasche legen. Die Applikation unter einem feuchten Tuch liegend Stück für Stück ca. 10 Sek. lang fixieren. Nun können noch die Ränder des Motivs mit einem engen Zickzackstich umstochen werden.

KREATIVTIPP

Vliesofix kann auch bemalt werden: Bemalen Sie dazu die raue Seite des Vliesofix mit Acryl- oder Textilfarbe und lassen Sie das Vliesofix trocknen. Legen Sie die bemalte Seite auf die rechte Seite des Stoffes und bügeln Sie das Vliesofix auf. Anschließend das Papier vorsichtig vom Vliesofix abziehen. Legen Sie beim späteren Bügeln immer Back- oder Bügelpapier auf die Applikation.

LAMIFIX

Lamifix ist eine aufbügelbare Folie, die Textilien wasserabweisend und abwischbar macht, vergleichbar zum Laminieren von Papier. Fast alle Textilien können mit Lamifix beschichtet werden, damit Schmutz abgehalten wird. Zu empfehlen ist Lamifix daher für besonders beanspruchte Taschenböden oder für aufgesetzte Taschen. Mit Lamifix beschichtete Stoffe sind nicht in der Maschine waschbar, können jedoch mit einem feuchten Tuch abgewischt werden. Vorsicht ist beim Verstürzen und Wenden von laminierten Taschen geboten, da dabei Knicke entstehen, die dauerhaft bestehen bleiben.

Das Bügeleisen auf •• einstellen, das Lamifix etwas größer als das zu laminierende Stoffteil zuschneiden. Lamifix dann mit der glänzenden Seite nach oben auf die rechte Stoffseite auflegen. Die Folie zunächst leicht anbügeln, dann genau zuschneiden und ein trockenes Tuch auf die Folie legen. Die Bügeltemperatur auf ••-••• erhöhen und das Bügeleisen vorsichtig ca. 8 Sek. lang über das Tuch gleiten lassen. Den laminierten Stoff flach liegend 20 Min. lang auskühlen lassen.

Mein Design

Ein Kapitel voll wundervoller Inspirationen: Es zeigt, wie man die Grundmodelle nach den eigenen Vorstellungen verändern kann, um eine ganz persönliche und einmalige Tasche zu kreieren. Und hat es Ihnen doch ein ganz bestimmtes Modell angetan, ergänzen Materialangaben, Tipps und Tricks die Anleitungen, damit das Nachnähen sicher gelingt.

Clutch

CLUTCH MIT PAISLEY-APPLIKATION

Die Clutch mit Paisley-Applikation wurde nach der Anleitung von Seite 16 angefertigt. Die Anleitung für die Paisley-Blume befindet sich auf Seite 143. Sie wurde aus Filz gefertigt.

CLUTCH AUS SATIN

Eine Clutch aus Satin, die zum bodenlangen, roten Kleid für besonders festliche Anlässe passt.

CLUTCH AUS EINEM T-SHIRT

Diese Clutch ist aus einem alten T-Shirt entstanden, das viel zu schön zum Wegwerfen war ...

GRUNDMODELL + ZUSCHNITT
Clutch » Seite 16-19

SCHWIERIGKEITSGRAD 1

GRÖSSE
28 cm x 13 cm

MATERIAL
- Oberstoff: Baumwollstoff gemustert, Satin oder Jersey, 40 cm x 50 cm
- Futterstoff: Baumwollstoff, 40 cm x 50 cm
- Vlieseinlage: Vlieseline H 250, 40 cm x 50 cm
- Druckknopf, ø 12 mm

SCHNITTMUSTERBOGEN A

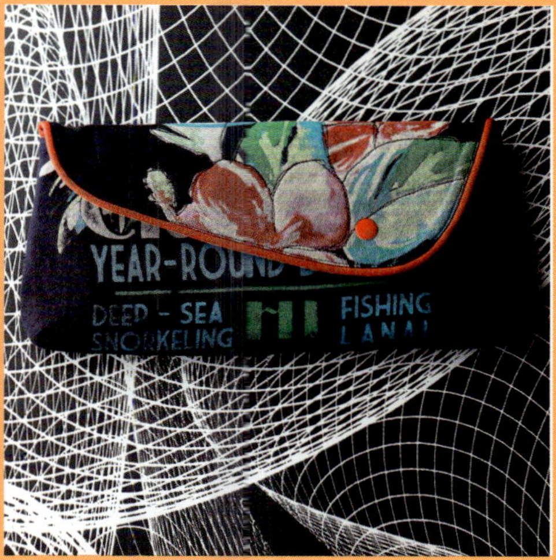

NAHTZUGABEN
Stoffe und Vlieseinlagen mit 1 cm Nahtzugabe zuschneiden.

ANLEITUNG

1 Den T-Shirt-Stoff auf der Rückseite mit Vlieseline verstärken, damit er sich nicht verzieht und damit er beim Nähen nicht verrutscht. Außerdem einen nicht dehnbaren Baumwollstoff als Futterstoff auswählen. Dann beult sich die Tasche nicht aus.

2 Die Anleitung für das Paspelband befindet sich auf Seite 77. Die Klappe muss etwas schmaler als beim Grundmodell genäht werden, da sie durch das Paspelband an den Seiten breiter wird. Dann die Tasche wie gewohnt nähen (siehe Seite 16).

Shopper mit Rüschen

Dieser Shopper ist kaum wiederzuerkennen: Aus dem doch sehr schlichten Grundmodell ist ein Rüschenwunder entstanden.

NAHTZUGABEN
Stoffe und Vlieseinlage mit 1 cm Nahtzugabe zuschneiden.

ANLEITUNG

1 Die Vlieseinlage auf den oberen Rand des Zuschnittes aus Futterstoff bügeln. Vor dem Zusammennähen der Tasche fünf Reihen Rüschen auf die Tasche aufnähen (siehe Seite 72). Außerdem eine versteckte Tasche mit Reißverschluss in den oberen Teil der Tasche einnähen (siehe Seite 74).

2 Der Griff wurde durch zwei Henkel ersetzt: Für die Henkel das Bundfix auf die Rückseite des Oberstoffes bügeln. Dann die Seiten des Streifens zur Mitte falten, den Streifen in der Mitte falten und bügeln. Die Ränder des Trägers absteppen. Die Träger beim Zusammennähen des Schnittteils aus Oberstoff und des Schnittteils aus Futterstoff mit festnähen. Die Tasche wie gewohnt nähen (siehe Seite 30).

GRUNDMODELL
Shopper » Seite 30-33

SCHWIERIGKEITSGRAD 2

GRÖSSE
32 cm x 40 cm

MATERIAL
- Oberstoff Tasche: Baumwollstoff in Dunkelblau, 82 cm x 82 cm
- Oberstoff Rüschen: Baumwollstoffe in Rot-, Türkis- und Blautönen, 5x 60 cm x 18 cm
- Futterstoff: Baumwollstoff in Dunkelblau, 82 cm x 60 cm
- Vlieseinlage: Vlieseline H 250, 60 cm x 30 cm
- Vlieseline Bundfix, 2,5 cm breit, 160 cm lang
- Reißverschluss in Dunkelblau, 16 cm lang
- Druckknopf in Dunkelblau, ø 12 mm

SCHNITTMUSTERBOGEN A

Oberstoff	2x Schnittteil „Shopper“ Tasche
	10 Stoffstreifen für Rüschen, 55 cm x 6 cm
	2x Stoffstreifen für Träger, 82 cm x 10 cm
	2x Rechtecke für versteckte Tasche, 18 cm x 16 cm
Futterstoff	2x Schnittteil „Shopper“ Tasche
Vlieseinlage	2x Stoffstreifen für oberen Rand, 32 cm x 12 cm

Messenger Bag

MESSENGER MIT SEITENTASCHE UND AUTOGURT

Die Messenger noch sportlicher und femininer ... und mit ihrer Seitentasche fürs Smartphone und andere wichtige Dinge auch sehr, sehr praktisch!

GRUNDMODELL
Messenger Bag » Seite 50-53

SCHWIERIGKEITSGRAD 1

GRÖSSE
38 cm x 32 cm x 14 cm

MATERIAL
- Oberstoff 1: Baumwollstoff, beschichtet, in Grau mit Blumen, 45 cm x 65 cm
- Oberstoff 2: Baumwollstoff, beschichtet, in Grau kariert, 45 cm x 45 cm
- Futterstoff: Baumwollstoff in Grau kariert, 90 cm x 70 cm
- Vlieseinlage: Vlieseline H 250, 90 cm x 70 cm
- Gurtband in Rot, 4 cm breit, 160 cm lang
- Klett- und Flauschband, 4 cm breit, 25 cm lang
- Klemmschnalle, 4 cm breit

SCHNITTMUSTERBOGEN B

NAHTZUGABEN

Stoffe und Vlieseinlagen mit 1 cm Nahtzugabe zuschneiden.

ANLEITUNG

1 Da die Messenger bzw. Kuriertasche eine sportliche Tasche ist, kann man für sie beschichtete Stoffe verwenden, die auch Regen standhalten. In die Klappe wurde eine versteckte Tasche eingearbeitet (siehe Seite 74).

2 Der Träger wurde durch einen Autogurt ersetzt: Für den einen Teil des Trägers ein ca. 20 cm langes Stück Autogurt abschneiden und von oben nach unten durch den Steg der Klemmschnalle schieben. Das Gurtstück nach hinten klappen und festnähen. Die Enden der Autogurtstücke mit einem Feuerzeug schmelzen. Dann die Träger rechts und links an den Nähten zwischen das Schnittteil des Oberstoffes und das Schnittteil des Futterstoffes legen und die Tasche wie gewohnt nähen (siehe Seite 50). Um den Träger zu schließen, den langen Teil des Autogurts gemäß Abbildung durch die Klemmschnalle ziehen und die Schnalle zudrücken. Dann dieses Ende des Autogurtes ebenfalls nach hinten legen und feststeppen. Die Tasche wie gewohnt nähen (siehe Seite 50).

Oberstoff 1	1x Schnittteil „Kuriertasche" Tasche Rückseite
Oberstoff 2	1x Schnittteil „Kuriertasche" Tasche Vorderseite
Futterstoff	1x Schnittteil „Kuriertasche" Tasche Rückseite
	1x Schnittteil „Kuriertasche" Tasche Vorderseite
Vlieseinlage	1x Schnittteil „Kuriertasche" Tasche Rückseite
	1x Schnittteil „Kuriertasche" Tasche Vorderseite

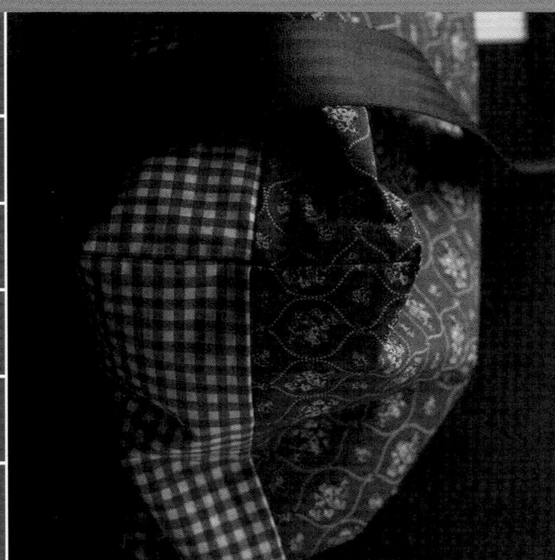

MESSENGER AUS EINEM BUS-SITZBEZUG

Diese Messenger wurde aus dem Sitzbezug eines Busses aus den 1970er-Jahren gefertigt. Da die Stoffe aus dieser Zeit wieder sehr beliebt sind, werden sie heute auch wieder hergestellt. Sie sind auf der Rückseite bereits mit einem Schaumstoff kaschiert – eine Vlieseinlage ist nicht notwendig.

GRUNDMODELL + ZUSCHNITT
Messenger Bag » Seite 50-53

SCHWIERIGKEITSGRAD 1

GRÖSSE
38 cm x 32 cm x 14 cm

MATERIAL

- Oberstoff 1: Autobezugsstoff, 45 cm x 70 cm
- Oberstoff 2: Kunstleder in Grün, 50 cm x 40 cm
- Futterstoff: Baumwollstoff in Dunkelbraun, 90 cm x 55 cm
- Gurtband in Schwarz, 4 cm breit, 160 cm lang
- Klett- und Flauschband, 4 cm breit, 25 cm lang
- Klemmschnalle, 4 cm breit

SCHNITTMUSTERBOGEN A+B

NAHTZUGABEN
Stoffe mit 1 cm Nahtzugabe zuschneiden.

ANLEITUNG

1 Den Boden der Tasche mit dem Kunstleder verstärken (siehe Seite 82). Sollten die Stoffe zu stark sein, um mehrere aufeinander gelegte Schichten Stoff zu nähen, muss das Schnittmuster geändert werden: Den Papierschnitt für die Tasche ca. 13 cm vom unteren Rand entfernt abschneiden. Dann den oberen Teil der Tasche aus Oberstoff und den unteren Teil der Tasche aus Kunstleder ausschneiden; dabei die Nahtzugabe berücksichtigen. Das Kunstleder und den Oberstoff zusammennähen und die Tasche wie gewohnt nähen (siehe Seite 50).

2 Den Trageriemen aus Gurtband mit Schnalle wie bei der Messenger aus beschichtetem Stoff nähen (siehe Seite 102).

Kelly Bag aus Filz

Eine tolle Figur macht die Kelly Bag auch, wenn sie aus festerem Material genäht wird, z. B. aus dickem Filz. Sie ist dann sehr stabil und hat einen guten Stand. Und man kann beim Nähen mit Filz einige Arbeitsschritte weglassen, da das Material nicht ausfranst und die Ränder der Schnittteile nicht versäubert werden müssen.

NAHTZUGABEN
Schnittteile ohne Nahtzugabe zuschneiden.

Filz	1x Schnittteil „Kelly" Body
	1x Schnittteil „Kelly" Seite
	1x Schnittteil „Kelly" Griff

ANLEITUNG

Die Tasche nach den Schritten 3 und 5 der Anleitung von Seite 54 nähen. Das Versäubern von Rändern fällt beim Nähen von Filz weg, und die Filztasche braucht kein Innenfutter. Das Nähen der Ecken erfordert allerdings etwas Geschick.

GRUNDMODELL
Kelly Bag » Seite 54-57

SCHWIERIGKEITSGRAD 2

GRÖSSE
29 cm x 22 cm x 9 cm

MATERIAL
- Filz in Gelb, 4 mm stark, 110 cm x 70 cm
- Drehverschluss in Silber, 35 mm x 30 mm

SCHNITTMUSTERBOGEN B

Bowling Bag mit Webbändern

Diese Bowling Bag fällt durch die hübsche Verzierung mit unterschiedlichen Webbändern auf. Ihr Boden ist aus Kunstleder und auch ihre Ecken sind mit Kunstleder verstärkt.

NAHTZUGABEN
Stoffe und Vlieseinlagen mit 1 cm Nahtzugabe zuschneiden.

Kunstleder 4x Schnittteil „Bowling Bag“ Leder

ANLEITUNG

1 Die Webbänder mit doppelseitigem Klebeband mittig auf dem einen Schnittteil aus Oberstoff fixieren und knappkantig aufnähen, sodass die Enden der Webbänder später von den Trageriemen der Tasche verdeckt werden

2 Zwei 26 cm lange Stücke des fertig genähten Trageriemens abschneiden und auf die im Schnittmuster markierten Stellen aufnähen. Das obere Ende des Trageriemens jeweils durch den unteren Rand einer Stegschnalle ziehen, nach hinten umklappen und mit festnähen. Für die verstärkten Ecken Halbkreise aus Kunstleder zuschneiden, jeweils mit doppelseitigem Klebeband auf die markierten Stellen kleben und die Verstärkungen am Rand festnähen.

3 Das zweite Schnittteil aus Oberstoff für die Rückseite der Tasche erhält keine Streifen aus Webbändern. Die Trageriemen und die Verstärkungen der Ecken wie bei der Vorderseite nähen und die Tasche wie gewohnt nähen (siehe Seite 58).

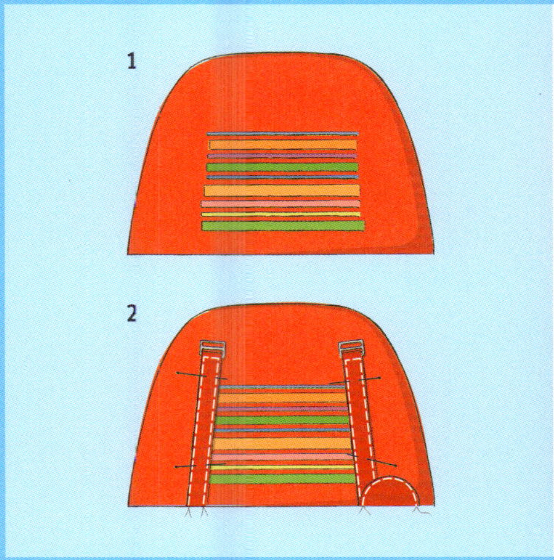

GRUNDMODELL + ZUSCHNITT
Bowling Bag » Seite 58-61

SCHWIERIGKEITSGRAD 3

GRÖSSE
35 cm x 30 cm x 16 cm

MATERIAL

- Oberstoff: Baumwollcord in Weinrot, 110 cm x 70 cm
- Futterstoff: Baumwollstoff in Weinrot, 110 cm x 50 cm
- Vlieseinlage: Vlieseline H 250 und H 630, je 110 cm x 50 cm
- 11 verschiedene Webbänder in verschiedenen Breiten, je 28 cm lang
- Kunstleder in Weinrot, 36 cm x 30 cm
- 4 Stegschnallen, 3 cm breit
- Vlieseline Bundfix, 3 cm breit, 200 cm lang
- Gewebefreies, doppelseitiges Klebeband
- Reißverschluss, 50 cm lang

SCHNITTMUSTERBOGEN B

Frame Bag mit Streifen und Blumen

Diese Frame Bag ist etwas für Frauen, die sowohl Blumen als auch Streifen lieben – und denen es schwerfällt, sich zwischen beiden zu entscheiden. Vor dem Zuschneiden der einzelnen Taschenteile werden der geblümte und der gestreifte Stoff zusammengenäht. Außerdem erhält die Frame Bag einen Trageriemen.

GRUNDMODELL
Frame » Seite 12-15

SCHWIERIGKEITSGRAD 2

GRÖSSE
30 cm x 26 cm

MATERIAL

- Oberstoff 1: Baumwollstoff in Rosa mit Blumen, 90 cm x 40 cm
- Oberstoff 2: Baumwollstoff, gestreift, 30 cm x 30 cm
- Futterstoff: Baumwollstoff, gestreift, 60 cm x 60 cm
- Vlieseinlage: Vlieseline H 250, 60 cm x 60 cm
- Vlieseline Bundfix, 2,5 cm breit, 90 cm lang
- Taschenbügel, 25 cm x 10 cm
- Anorakkordel, 100 cm lang
- Textilkleber

SCHNITTMUSTERBOGEN A

NAHTZUGABEN
Stoffe und Vlieseinlagen mit 1 cm Nahtzugabe zuschneiden.

ANLEITUNG

1 Die Zuschnitte aus Vlieseinlage jeweils auf die Schnittteile aus Futterstoff bügeln. Für die Außenseite der Tasche den gestreiften Stoff und den geblümten Stoff zusammennähen und erst dann die Schnittteile aus Oberstoff daraus zuschneiden. Die Tasche gemäß der Schritte 1 bis 3 der Anleitung von Seite 12 nähen.

2 Für den Trageriemen das Bundfix auf die Rückseite des Oberstoffes bügeln. Dann die Seiten des Streifens zur Mitte falten, den Streifen in der Mitte falten und bügeln. Die Ränder des Trägers absteppen.

3 Die Enden des Trägers wie im Schnittmuster markiert am Rand der auf rechts gewendeten Tasche feststecken. Die Trägerenden werden später zusammen mit dem Stoff in den Taschenbügel eingeklebt und der Taschenbügel wird zusammengedrückt. Die Tasche wie gewohnt weiter arbeiten (siehe Seite 12).

Oberstoffe, Futterstoff und Vlieseinlage	je 2x Schnittteil „Frame" Tasche
Oberstoff	1x Streifen für Träger, 90 cm x 8 cm

Rucksack im Jeans-Look

Der Rucksack aus Jeans verfügt über eine aufgesetzte Tasche mit verstecktem Reißverschluss und über einen Karabinerhaken, der mit einem Aufnäher aus Leder befestigt wurde. An ihm kann man z. B. beim Wandern die Jacke aufhängen, wenn es zu warm wird.

NAHTZUGABEN

Stoffe und Vlieseinlagen mit 1 cm Nahtzugabe zuschneiden. Den Aufhänger aus Leder ohne Nahtzugabe ausschneiden.

ANLEITUNG

1 Die Zuschnitte aus Vlieseinlage auf die Rückseite je eines Schnittteils Schlüsseltasche 2 aus Oberstoff bügeln. Dann für den oberen Teil der Schlüsseltasche die beiden Schnittteile aus Oberstoff rechts auf rechts legen und zusammennähen; dabei die beiden oberen Ecken aussparen und eine Wendeöffnung lassen. An den Ecken jeweils die Seitennaht auf die obere Naht legen und die Abnäher nähen. Den oberen Teil der Schlüsseltasche auf rechts wenden und bügeln.

2 Für den unteren Teil der Tasche die beiden Schnittteile aus Oberstoff rechts auf rechts legen und den Reißverschluss wie abgebildet dazwischen schieben. Die Enden des Reißverschlusses jeweils nach oben und nach unten falten, damit sie nicht in die Seitennaht eingenäht werden. Dann die Tasche an den Rändern schließen, dabei die beiden unteren Ecken und eine Wendeöffnung aussparen. An den beiden unteren Ecken jeweils die Seitennaht auf die Bodennaht legen und die Abnäher schließen. Dann die Tasche auf rechts wenden und bügeln. Der Reißverschluss liegt nun außen.

3 Den oberen Teil der Tasche an den Reißverschluss heften, sodass der Reißverschluss nicht mehr zu sehen ist, und beides zusammennähen; dabei die Enden des Reißverschlusses wieder nach oben falten.

4 Die Tasche auf die Vorderseite des Rucksackes heften und festnähen. Den Aufnäher aus Leder nach Vorlage zuschneiden, auf dem Rucksack platzieren und an den Rändern festnähen. Den Rucksack wie gewohnt weiter arbeiten (siehe Seite 25).

Zu den Zuschnitten gemäß Seite 25 noch folgende Stoffteile zuschneiden, die Teile für Schlüsseltasche 1 dabei weglassen:

Oberstoff	je 2x Schnittteil „Rucksack“ Schlüsseltasche 2
Vlieseinlage	je 1x Schnittteil „Rucksack“ Schlüsseltasche 2
Leder	1x Schnittteil „Rucksack“ Leder

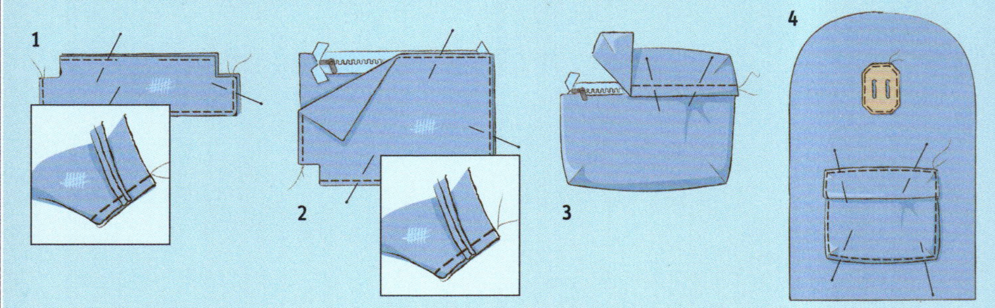

GRUNDMODELL
Rucksack » Seite 25-29

SCHWIERIGKEITSGRAD 3

GRÖSSE
26 cm x 45 cm x 14 cm

MATERIAL
Zusätzlich zu den Materialien der Grundanleitung:

- Oberstoff für die aufgesetzte Tasche, Rest
- Vlieseinlage H 250 für die aufgesetzte Tasche, Rest
- Leder für den Aufnäher, 10 cm x 10 cm

SCHNITTMUSTERBOGEN A+B

GRUNDMODELL
Satchel » Seite 66-69

SCHWIERIGKEITSGRAD 2

GRÖSSE
26 cm x 26 cm x 10 cm

MATERIAL

- Oberstoff 1: Cordstoff in Hellgrün, 60 cm x 50 cm
- Oberstoff 2: Cordstoff in Petrol, 35 cm x 60 cm
- Oberstoff 3: Baumwollstoff in Rot gepunktet, 40 cm x 25 cm
- Futterstoff: Baumwollstoff in Hellgrün, 60 cm x 90 cm
- Vlieseinlage: Vlieseline H 250 und H 630, je 60 cm x 90 cm
- Baumwollgurt, 4 cm breit, 100 cm lang
- Gummiband, 22 cm lang
- Steckschloss, 4 cm x 5,5 cm
- Leder in Braun, 30 cm x 20 cm
- Gewebefreies, doppelseitiges Klebeband

SCHNITTMUSTERBOGEN B

Satchel aus Cord mit Lederecken

Diese Satchel besteht aus Cord. Damit die Strichrichtung des Cords bei der Satchel immer von oben nach unten verläuft, muss das Schnittmuster Rückseite auseinander geschnitten werden. Beim Auflegen des Schnittmusters auf den Stoff und dem Zuschneiden der Stoffteile also immer wachsam bleiben und die Strichrichtung des Cords im Auge behalten.

Oberstoff 1	1x Schnittteil „Satchel“ Vorderseite
	2x Schnittteile „Satchel“ Seite, nicht im Stoffbruch
Oberstoff 2	1x Schnittteil „Satchel“ Rückseite
Oberstoff 3	2x Schnittteil „Satchel“ geraffte Tasche
Futterstoff	1x Schnittteil „Satchel“ Rückseite
	1x Schnittteil „Satchel“ Vorderseite
	1x Schnittteil „Satchel“ Seite im Stoffbruch
Vlieseinlagen	je 1x Schnittteil „Satchel“ Rückseite
	je 1x Schnittteil „Satchel“ Vorderseite
	je 1x Schnittteil „Satchel“ Seiten im Stoffbruch
Leder	1x Schnittteil „Satchel“ Verstärkung Boden
	2x Schnittteil „Satchel“ Leder

NAHTZUGABEN

Stoffe und Vlieseinlagen mit 1 cm Nahtzugabe zuschneiden.

ANLEITUNG

1 Das Schnittmuster Rückseite an der Markierung auseinanderschneiden und die Zuschnitte jeweils auf den Stoff übertragen; dabei auf die Strichrichtung des Cords achten. Die Schnittteile rechts auf rechts legen, an der Markierung wieder zusammennähen, aufklappen und bügeln.

2 Zwei einzelne Schnittteile Seite (nicht im Stoffbruch) ausschneiden; dabei die Strichrichtung des Cords beachten. Die beiden Schnittteile rechts auf rechts legen und zusammennähen. Die Zuschnitte Vlieseinlage H 250 auf die Schnittteile aus Futterstoff, die Zuschnitte Volumenvlies H 630 auf die Schnittteile aus Oberstoff bügeln. Die beiden Lederecken auf das Schnittteil Vorderseite aufnähen (siehe Seite 82).

3 Bei dem Schnittteil geraffte Tasche jeweils den oberen, längeren Rand 2x nach hinten klappen und festnähen. Das Gummiband halbieren und die Hälften jeweils in die beiden entstandenen Tunnel ziehen.

4 Die Schnittteile geraffte Tasche jeweils auf die Schnittteile Seite legen, sodass der untere Rand der gerafften Tasche jeweils an der Markierung liegt. Dann die Seiten und den unteren Rand der gerafften Taschen auf der Seite festnähen; dabei das Gummiband straffen und mit festnähen.

5 Das Schnittteil Verstärkung Boden aus Leder in die Mitte des Schnittteils Seite legen und mit Klebeband fixieren. Die beiden kurzen Seiten des Lederbodens überdecken den unteren Rand der gerafften Taschen. Die Ränder des Lederbodens festnähen. Die Nähte an den langen Seiten des Lederbodens verschwinden später in den Nähten der Tasche. Dann die Tasche gemäß der Anleitung von Seite 66 ab Schritt 2 weiter nähen. Zum Schluss anstelle des Druckknopfs das Steckschloss an der Tasche anbringen.

Hobo mit Kellerfalte

Diese Hobo besticht durch ihre grüne Blende und die eingenähte Kellerfalte.

NAHTZUGABEN
Stoffe und Vlieseinlagen mit 1 cm Nahtzugabe zuschneiden.

Oberstoff	2x Schnittteil Tasche nach eigenem Schnittmuster
	2x Schnittteil Taschenblende nach eigenem Schnittmuster
	2x Streifen für Reißverschluss, 30 cm x 4 cm
	1x Streifen für Träger, 70 cm x 12 cm
Futterstoff	2x Schnittteil Tasche nach eigenem Schnittmuster
	2x Schnittteil Taschenblende nach eigenem Schnittmuster
Vlieseinlagen	je 2x Schnittteil Blende nach eigenem Schnittmuster
	2x Streifen für Reißverschluss, 30 cm x 4 cm (nur H 250)

ANLEITUNG

Das Schnittmuster für die Kellerfalte ändern und die Schnittteile aus Oberstoff und Futterstoff der Tasche vorbereiten (siehe Seite 76). Dann die Tasche wie gewohnt nähen (siehe Seite 62).

GRUNDMODELL
Hobo » Seite 62-65

SCHWIERIGKEITSGRAD 2

GRÖSSE
36 cm x 32 cm

MATERIAL
- Oberstoff 1: Baumwollstoff in Grün, 82 cm x 30 cm
- Oberstoff 2: Baumwollstoff mit Blumenmuster, 50 cm x 60 cm
- Futterstoff: Baumwollstoff in Grün, 50 cm x 82 cm
- Vlieseinlagen: Vlieseline H 250 und H 630, je 40 cm x 40 cm
- Vlieseline Bundfix, 4 cm breit, 70 cm lang
- Reißverschluss, 28 cm lang

EIGENES SCHNITTMUSTER

GRUNDMODELL + ZUSCHNITT
Hobo » Seite 62-65

SCHWIERIGKEITSGRAD 2

GRÖSSE
36 cm x 32 cm

MATERIAL
Zusätzlich zu den Materialien der Grundanleitung:
- Oberstoff und Futterstoff für die Verschlussklappe, je 30 cm x 30 cm
- Leder für den Boden, 40 cm x 20 cm

SCHNITTMUSTERBOGEN B

Hobo mit Lederboden

Diese Hobo sticht durch den fröhlich-bunten Baumwollstoff und den farblich abgesetzten Boden hervor.

NAHTZUGABEN
Stoffe und Vlieseinlagen mit 1 cm Nahtzugabe zuschneiden.

ANLEITUNG

Zunächst den Boden aus Leder an der Tasche befestigen (siehe Seite 82), dann die Tasche wie gewohnt nähen (siehe Seite 62). Die Verschlussklappe anfertigen und aufnähen (siehe Seite78).

Shopper zum Umhängen

Dieser Shopper wandelt sich schnell in eine Umhängetasche.

NAHTZUGABEN

Stoffe und Vlieseinlagen mit 1 cm Nahtzugabe zuschneiden.

ANLEITUNG

Den Stoffrest rechts auf rechts längs falten und steppen, wenden, in zwei gleich lange Teile schneiden. Jeweils durch den D-Ring schieben, doppelt legen und an den markierten Stellen im Schnittmuster beim Zusammennähen befestigen. Die Tasche wie gewohnt nähen (siehe Seite 30). Den Trageriemen in die D- Ringe einhaken.

GRUNDMODELL + ZUSCHNITT

Shopper » Seite 30-33

SCHWIERIGKEITSGRAD 2

GRÖSSE

32 cm x 40 cm

MATERIAL

Zusätzlich zu den Materialien der Grundanleitung:

- 2 D-Ringe, 15 mm
- Trageriemen mit Karabinerhaken
- Stoffrest, 3 cm x 8 cm

SCHNITTMUSTERBOGEN A

Schultertasche im Querformat

Diese Tasche stellt sich quer! Da sie eine sportliche Tasche ist, wurde für sie ein beschichteter Stoff verwendet, der auch Regen standhält.

NAHTZUGABEN
Stoffe und Vlieseinlagen mit 1 cm Nahtzugabe zuschneiden.

ANLEITUNG

1 Das Schnittmuster um 90° drehen (siehe Seite 80) und die Tasche wie gewohnt nähen (siehe Seite 8).

2 Bevor die Tasche aus Oberstoff und die Tasche aus Futterstoff zusammengenäht werden, eine versteckte Tasche einarbeiten (siehe Seite 74).

GRUNDMODELL + ZUSCHNITT
Schultertasche » Seite 8-11

SCHWIERIGKEITSGRAD 2

GRÖSSE
25 cm x 35 cm x 8 cm

MATERIAL
- Oberstoff 1: Baumwollstoff, beschichtet, in Grün gepunktet, 140 cm x 40 cm
- Oberstoff 2: Baumwollstoff, beschichtet, in Grün gestreift, 40 cm x 50 cm
- Oberstoff 3: Baumwollstoff, beschichtet, in Grün kariert, 82 cm x 20 cm
- Futterstoff: Baumwollstoff in Grün kariert, 60 cm x 90 cm
- Vlieseinlagen: Vlieseline H 250 und H 630, je 60 cm x 90 cm
- 2 Druckknöpfe in Weiß, ø 12 mm
- Vlieseline Bundfix, 4 cm breit, 160 cm lang
- Reißverschluss, 46 cm lang

SCHNITTMUSTERBOGEN A

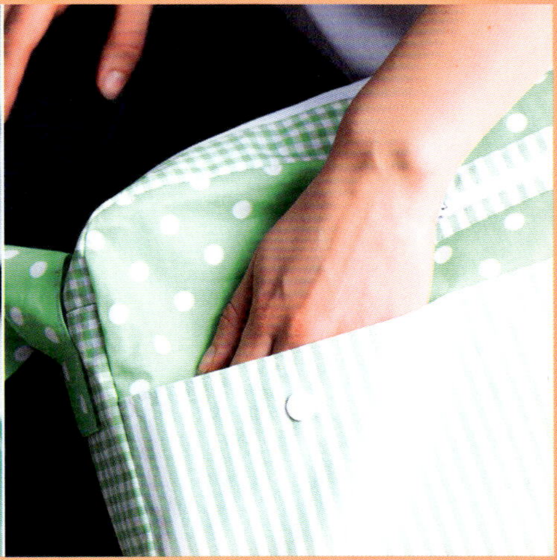

Weekender für Kinder

Der Weekender ist geschrumpft – zu einer Kindertasche. Besonders praktisch ist es, wenn die Kindertasche aus beschichtetem Stoff gefertigt wird. Bei Gekleckere kann man einfach mit einem feuchten Lappen darüberwischen und die Tasche ist wieder wie neu.

Oberstoff 1	2x Schnittteil „Weekender mini" Tasche
	2x Schnittteil „Weekender mini" Steg Reißverschluss
	1x Schnittteil „Weekender mini" Seite im Stoffbruch
	2x Schnittteil „Weekender mini" Blende
	2x Schnittteil Abschluss Reißverschluss im Stoffbruch
Oberstoff 2	2x Streifen für Träger, 82 cm x 8 cm
Futterstoff	2x Schnittteil „Weekender mini" Tasche Futter
	1x Schnittteil „Weekender mini" Seite im Stoffbruch
Vlieseinlage	2x Schnittteil „Weekender mini" Tasche Futter
	1x Schnittteil „Weekender mini" Seite im Stoffbruch
	2x Schnittteil Steg Reißverschluss
	2x Schnittteil Abschluss Reißverschluss im Stoffbruch
	2x Schnittteil „Weekender mini" Blende

GRUNDMODELL
Weekender » Seite 20-23

SCHWIERIGKEITSGRAD 3

GRÖSSE
24 cm x 18 cm x 7 cm

MATERIAL
- Oberstoff 1: Baumwollstoff, beschichtet, in Rot gepunktet, 30 cm x 60 cm
- Oberstoff 2: Baumwollstoff, beschichtet, in Rot kariert, 20 cm x 82 cm
- Futterstoff: Baumwollstoff in Rot, 40 cm x 60 cm
- Vlieseinlage: Vlieseline H 250, 40 cm x 60 cm
- Vlieseline Bundfix, 2,5 cm breit, 160 cm lang
- Reißverschluss, teilbar, in Rot, 22 cm lang

SCHNITTMUSTERBOGEN B

NAHTZUGABEN
Stoffe und Vlieseinlagen mit 1 cm Nahtzugabe zuschneiden.

ANLEITUNG

Die Tasche wie gewohnt nähen (siehe Seite 20).

Baguette mit Streifen-Patchwork

Diese Baguette besticht durch ihr dekoratives Streifen-Patchwork und die aufgesetzten Taschen mit Kellerfalte.

Zu den Zuschnitten gemäß Seite 34 noch folgende Stoffteile zuschneiden:	
Oberstoff	2x Schnittteil „Baguette“ Seitentasche
	2x Streifen für Träger, 60 cm x 8 cm

NAHTZUGABEN

Stoffe und Vlieseinlagen mit 1 cm Nahtzugabe zuschneiden.

ANLEITUNG

1 Ein Streifen-Patchwork gemäß der Anleitung von Seite 77 anfertigen. Das Patchwork zuschneiden, sodass die Streifen später bei der Tasche ganz gerade verlaufen.

2 Die Seitentasche erhält eine Kellerfalte: Das Schnittteil für die Seitentasche jeweils gemäß der Vorlage in Falten legen und das Schrägband jeweils um den oberen Rand der Seitentasche nähen.

3 Die überstehenden Enden des Schrägbandes abschneiden und die Seitentasche knappkantig auf das Schnittteil Taschenseite nähen. Diese Nähte sollen verhindern, dass der Stoff beim Zusammennähen der Tasche verrutscht, sie werden später von der Taschennaht verdeckt.

4 Die Tasche erhält zwei Träger, die seitlich des Reißverschlusses befestigt werden. Die Träger nach den Schritten 4 bis 6 der Anleitung von Seite 34 annähen.

GRUNDMODELL

Baguette » Seite 34-37

SCHWIERIGKEITSGRAD 2

GRÖSSE

30 cm x 17 cm x 14 cm

MATERIAL

Zusätzlich zu den Materialien der Grundanleitung:

- Oberstoff für Seitentaschen und Träger, 25 cm x 25 cm
- Schrägband, 30 cm lang
- 4 Stegschnallen, 2,5 cm breit
- Bundfix, 2,5 cm breit, 120 cm (2x 60 cm)

SCHNITTMUSTERBOGEN A

Drawstring mit Patchwork und Trägern

Ein Hippie-Look für die Drawstring. Das farbenfrohe Accessoire passt besonders gut zu einem schlichten Outfit.

NAHTZUGABEN
Stoffe und Vlieseinlagen mit 1 cm Nahtzugabe zuschneiden.

ANLEITUNG

1 Ein Patchwork anfertigen (siehe Seite 77) und die Schnittteile Tasche daraus ausschneiden. Die Tasche wie gewohnt nähen (siehe Seite 46).

2 Die Träger mit den abgerundeten Enden gemäß der Anleitung von Seite 79 anfertigen und, wie in den Schritten 5 und 6 der Anleitung beschrieben, einarbeiten.

3 Anstelle von Ösen oder Knopflöchern (Schritt 7) erhält diese Tasche einen Tunnelzug: Dafür zwei ca. 4 cm x 40 cm große Streifen aus Oberstoff zuschneiden. Die kurzen Seiten der Streifen zweimal nach hinten legen und festnähen. Die langen Seiten der Streifen einmal nach hinten legen, den Streifen bügeln und wie im Schnittmuster markiert auf die Tasche aufnähen.

GRUNDMODELL + ZUSCHNITT
Drawstring » Seite 46-49

SCHWIERIGKEITSGRAD 2

GRÖSSE
35 cm x 32 cm x 18 cm

MATERIAL
- Oberstoff: Stoffreste aus Baumwolle für Patchwork
- Futterstoff: Baumwolle in Türkis-Gelb gemustert, 82 cm x 82 cm
- Baumwollschrägband in Rot, 200 cm lang

SCHNITTMUSTERBOGEN B

Kosmetiktasche mit Klappe

Eine bunte Kosmetiktasche mit Klappe – damit unterwegs nichts verloren geht.

NAHTZUGABEN

Stoff 1	2x Schnittteil „Kosmetiktasche" Tasche
	1x Schnittteil Verschluss 2
Stoff 2	2x Schnittteil „Kosmetiktasche" Zuglasche
	2x Schnittteil „Kosmetiktasche" Griff
	1x Schnittteil Verschluss 2
Stoff 3	2x Schnittteil „Kosmetiktasche" Tasche
Vlies-einlage	je 1x Schnittteil Verschluss 2
	2x Schnittteil „Kosmetiktasche" Griff (nur H 250)
	je 2x Schnittteil „Kosmetiktasche" Tasche

Stoffe und Vlieseinlagen mit 1 cm Nahtzugabe zuschneiden.

ANLEITUNG

Die Klappe gemäß der Anleitung von Seite 78 anfertigen. Dann die Tasche wie gewohnt nähen (siehe Seite 42). Die Klappe, wie in Schritt 3 der Anleitung von Seite 78 beschrieben, zwischen die beiden Taschen aus Oberstoff und aus Futterstoff einnähen.

GRUNDMODELL
Kosmetiktasche » Seite 42-45

SCHWIERIGKEITSGRAD 2

GRÖSSE
18 cm x 15 cm x 11 cm

MATERIAL
- Stoff 1: Baumwollstoff in Orange gemustert, 82 cm x 50 cm
- Stoff 2: Baumwollstoff in Gelb gemustert, 50 cm x 50 cm
- Stoff 3: Baumwollstoff in Türkis, 40 cm x 50 cm
- Vlieseinlagen: Vlieseline H 250 und H 630, je 70 cm x 40 cm
- Anorakkordel, ø 6 mm, 120 cm lang
- 2 Kordelstopper

SCHNITTMUSTERBOGEN B

Portemonnaies

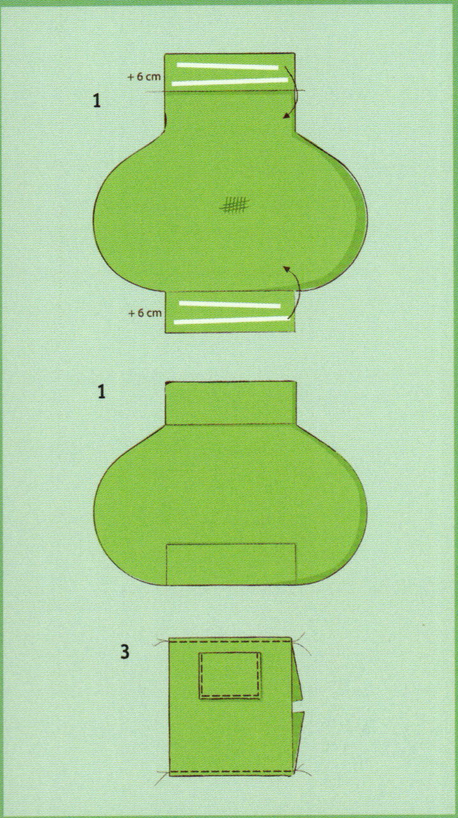

PORTEMONNAIE AUS LKW-PLANE

Die quietschgrüne Geldbörse aus LKW-Plane ist einfach der Knaller!

NAHTZUGABEN

LKW-Plane ohne Nahtzugabe zuschneiden.

ANLEITUNG

1 Das Schnittteil Außentasche wie abgebildet in der Mitte oben und unten um je 6 cm verlängern. LKW-Plane kann nicht mit einer Vlieseinlage verstärkt werden, das Portemonnaie erhält daher eine doppelte Lage Plane zur Verstärkung. Diese Verlängerungen nach innen klappen und festkleben, um das Portemonnaie in diesem Bereich zu verstärken. Dann die beiden Seiten des Klettbands mit Klebeband gemäß der Vorlage fixieren und festnähen. Gemäß Schritt 3 der Anleitung von Seite 38 die Flügel des Portemonnaies nach innen falten und festnähen.

2 Den oberen und den unteren Rand des Schnittteils Innenfächer je 9 cm weit nach hinten falten, mit Klebeband fixieren und absteppen. Im Gegensatz zum Portemonnaie aus Stoff hat das Portemonnaie aus LKW-Plane nur ein Schnittteil Innenfächer. Evtl. ein 10 cm x 7 cm großes Stück LKW-Plane als Kartenfach ausschneiden und an den Seiten und am unteren Rand knappkantig auf das Schnittteil Innenfächer aufnähen. Dann die Schritte 6 bis 8 gemäß der Anleitung von Seite 38 arbeiten.

LKW-Plane	1x Schnittteil „Portemonnaie" Außentasche
	1x Zuschnitt für Innenfächer, 17 cm x 37 cm

PORTEMONNAIE MIT REISSVERSCHLUSSTASCHE

An dieses Portemonnaie sollten sich nur fortgeschrittene Näher(-innen) wagen, da man für ein schönes Ergebnis millimetergenau arbeiten sollte. Das Portemonnaie hat eine zusätzliche Tasche, die mit einem Reißverschluss geschlossen wird.

NAHTZUGABEN
Stoffe und Vlieseinlager mit 1 cm Nahtzugabe zuschneiden.

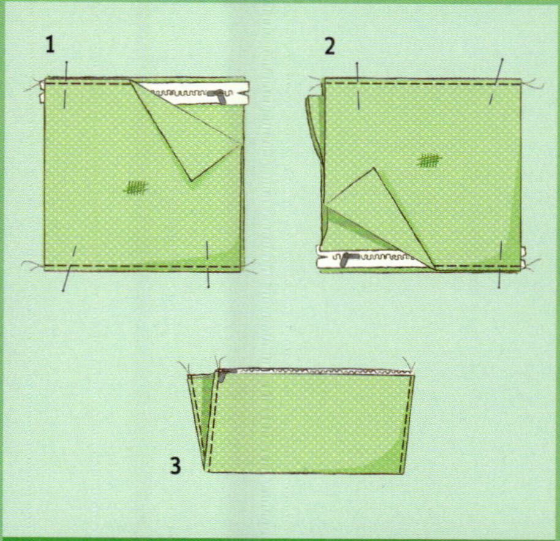

Oberstoff 1	1x Schnittteil „Portemonnaie“ Außentasche
Oberstoff 2	4x Schnittteil „Portemonnaie“ Innenfach
Futterstoff	1x Schnittteil „Portemonnaie“ Außentasche
Vlieseinlage	1x Schnittteil „Portemonnaie“ Außentasche
	2x Schnittteil „Portemonnaie“ Innenfach

ANLEITUNG

1 Das Portemonnaie gemäß der Schritte 1 bis 3 der Anleitung von Seite 38 nähen. Wie im Schnittmuster markiert, das Klettband anstelle der Druckknöpfe mit dem doppelseitigen Klebeband auf die Tasche aufkleben und festnähen. Dann zwei Schnittteile Innenfach rechts auf rechts legen, den Reißverschluss gemäß der Abbildung in eine der kurzen Seiten der beiden Schnittteile legen und beide kurzen Seiten der Schnittteile schließen. Die Schnittteile auf rechts wenden, sodass der Reißverschluss außen liegt.

2 Die beiden anderen Schnittteile Innenfach auf dieselbe Weise an die andere Seite des Reißverschlusses annähen und die Schnittteile ebenfalls auf rechts wenden. Der Reißverschluss liegt jetzt zwischen je zwei links auf links liegenden Stoffen.

3 Legen Sie die rechts und links neben dem Reißverschluss liegenden Stoffschichten aufeinander, sodass der Reißverschluss mit der rechten Seite nach außen zeigt. Nun die beiden seitlichen Ränder knappkantig absteppen, damit sie nicht ausfransen. Die Tasche parallel zum Reißverschluss in der Mitte falten und bügeln. Dann das Innenfach gemäß Schritt 6 der Anleitung von Seite 38 in das Portemonnaie nähen. Danach die Schritte 7 und 8 der Anleitung befolgen.

GRUNDMODELL
Portemonnaie » Seite 38-41

SCHWIERIGKEITSGRAD 3

GRÖSSE
18 cm x 10 cm

MATERIAL

PORTEMONNAIE AUS LKW-PLANE
- LKW-Plane in Grün, 65 cm x 45 cm
- Klettband zum Aufnähen, 2 cm breit, 15 cm lang
- Gewebefreies, doppelseitiges Klebeband

PORTEMONNAIE MIT REISSVERSCHLUSSTASCHE
- Oberstoff 1: Baumwollstoff in Grün mit Herzmuster, 45 cm x 35 cm
- Oberstoff 2: Baumwollstoff in Grün gepunktet, 50 cm x 60 cm
- Futterstoff: Baumwollstoff in Weiß mit Blumen und Vögeln, 45 cm x 45 cm
- Vlieseinlage: Vlieseline H 250, 50 cm x 60 cm
- Klettband zum Aufnähen in Weiß, 2 cm breit, 15 cm lang
- Gewebefreies, doppelseitiges Klebeband
- Reißverschluss in Creme, 20 cm lang

SCHNITTMUSTERBOGEN A

Weitere Ideen und Inspirationen

Experimentell: eine Frame aus Tyvek, einem sehr reißfesten Papier (siehe Seite 93, Vorlage: Schnittmusterbogen A)

Romantisch: eine Drawstring mit Blumen, Punkten und Karos

Praktisch: die Kosmetiktasche wird vereinfacht zum Utensilo – aus einer alten Plastiktüte

Orientalisch: eine Baguette im XL-Format mit Seitentaschen

Bunt gemustert: eine Weekender mit aufgesetzten Ecken aus LKW-Plane

Meine Helferlein

Sie haben noch Stoffreste übrig? Prima! Damit können Sie sich bei den Helferlein so richtig austoben: Aus Streifen werden Rosen, Rechtecke ergeben eine Tasche für den Einkaufswagenchip. Aus einem Stück Filz wird eine kleine Paisley-Blume, um eine Tasche oder ein Kleidungsstück „aufzuhübschen". Oder Sie fertigen eine Wechseltasche, damit Sie nicht so viel von einer Tasche in die andere räumen müssen ...

Oberstoff 1	2x Schnittteil „Wechseltasche" Tasche
	1x Schnittteil „Wechseltasche" Griff
Oberstoff 2	2x Schnittteil „Wechseltasche" außen
	1x Schnittteil „Wechseltasche" Griff
Futterstoff	2x Schnittteil „Wechseltasche" Tasche
Vlieseinlage	je 2x Schnittteil „Wechseltasche" Tasche
	je 1x Schnittteil „Wechseltasche" Griff

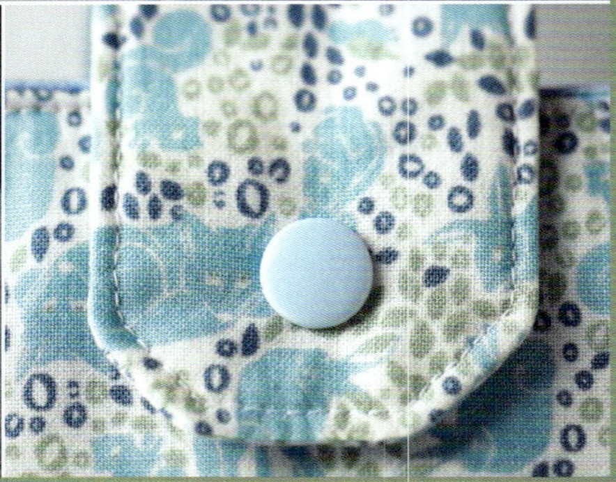

Geräumige Wechseltasche

Handy, Portemonnaie, Karten, Lippenstift in die Wechseltasche sortieren und sich dann jeden Morgen für die zum Outfit passende Tasche entscheiden. Mit der Wechseltasche wandern die Accessoires ganz schnell von einer Tasche zur anderen.

ANLEITUNG

1 Die Zuschnitte der Vlieseinlage H 250 auf die entsprechenden Teile aus Futterstoff bügeln, die Zuschnitte aus dem Volumenvlies H 630 auf die entsprechenden Teile aus Oberstoff bügeln. Dann das Schrägband an die Zuschnitte für die Wechseltasche außen nähen.

2 Je eine Wechseltasche außen auf einen Zuschnitt Wechseltasche legen und mit Stecknadeln fixieren. Dann die Seitennähte und den Boden befestigen. Die senkrechten Zwischennähte gemäß Schnittmuster aufnähen. Wer möchte, kann diese Art von Taschen auch auf den Futterstoff nähen: Die kleinen Taschen befinden sich dann im Inneren der Tasche.

3 Die beiden Zuschnitte für die Wechseltaschen – nun mit den aufgenähten Außentaschen – rechts auf rechts legen und die Seitennähte und die Bodennaht schließen. An den beiden Ecken jeweils die Seitennaht auf die Bodennaht legen und die seitlichen Abnäher gemäß Zeichnung schließen. Auf dieselbe Weise eine Tasche aus Futterstoff anfertigen, diese dann auf rechts wenden.

4 Die Tasche aus Futterstoff in die Tasche aus Oberstoff schieben und den oberen Rand mit Stecknadeln fixieren. Die Seitennähte der beiden Taschen liegen dabei genau übereinander. Den Rand der Tasche – mit Ausnahme einer Wendeöffnung – schließen, dann die Tasche durch die Öffnung auf rechts wenden, bügeln und den oberen Rand absteppen. Den unteren Teil der Druckknöpfe an den markierten Stellen anbringen.

5 Die beiden Zuschnitte für den Griff rechts auf rechts legen und am Rand zusammennähen. Eine Öffnung zum Wenden lassen. Den Griff auf rechts wenden und den Rand absteppen. Den oberen Teil der Druckknöpfe an den markierten Stellen anbringen.

SCHWIERIGKEITSGRAD 2

GRÖSSE
25 cm x 20 cm x 12 cm

MATERIAL
- Oberstoff 1: Baumwollstoff in Blau gemustert, 50 cm x 60 cm
- Oberstoff 2: Baumwollstoff in Blau kariert, 50 cm x 50 cm
- Futterstoff: Baumwollstoff in Blau, 50 cm x 60 cm
- Vlieseinlagen: Vlieseline H 250 und H 630, je 50 cm x 60 cm
- Schrägband in Blau, 90 cm
- 2 Druckknöpfe in Hellblau, ø 12 mm

SCHNITTMUSTERBOGEN B

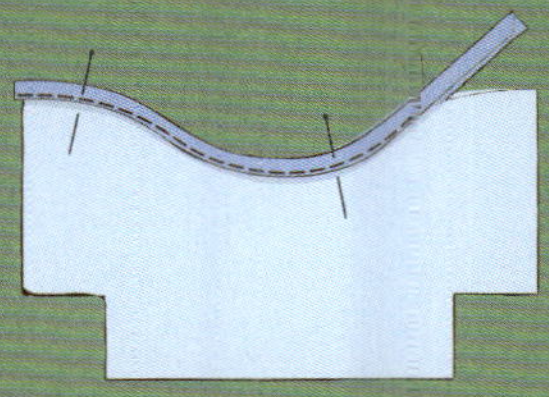
1

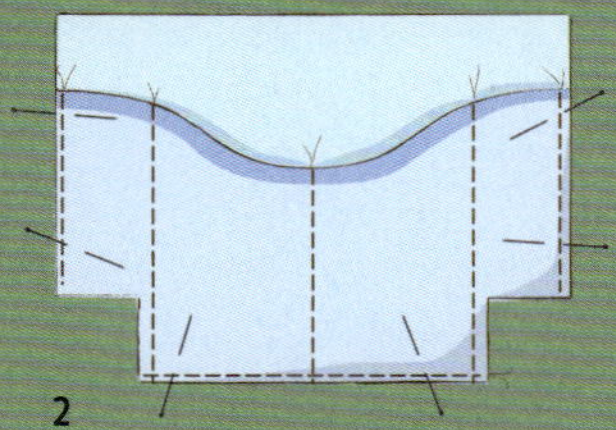
2

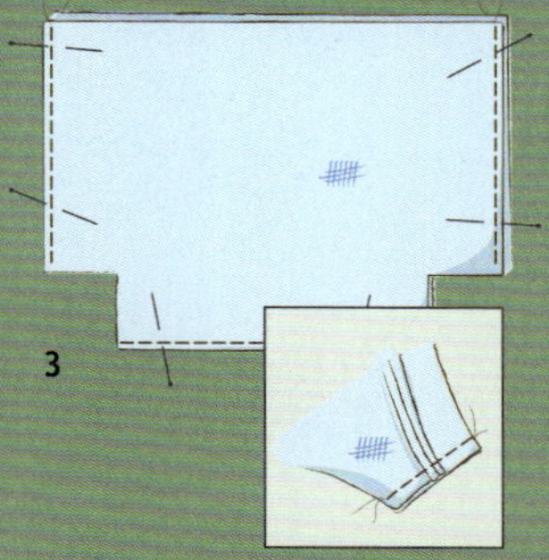
3

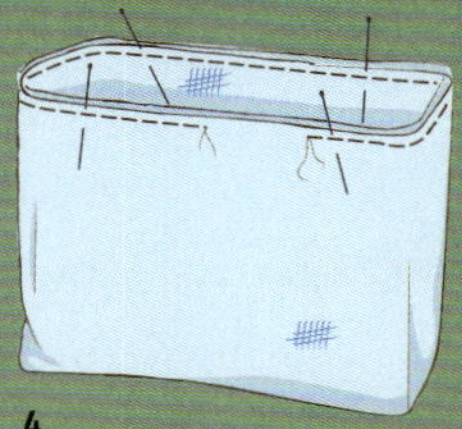
4

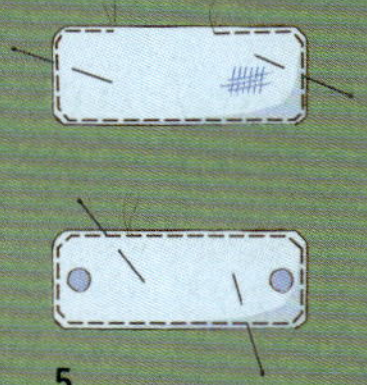
5

Clevere Schlüsselanhänger

ANLEITUNG

1 Bundfix auf die Rückseite des Stoffrestes bügeln und auskühlen lassen. Die beiden Seiten zur Mitte bügeln, dann in der Mitte knicken und alles bügeln.

2 Den Stoffstreifen wieder öffnen. Das Webband mit Hilfe des doppelseitigen Klebebandes mittig auf einen der mittleren Streifen – genau zwischen die zwei Falzlinien – aufkleben. Dann das Webband mit der Nähmaschine festnähen.

3 Den Stoff wieder wie oben falten und die beiden langen Seiten des Streifens absteppen.

4 Den Stoffstreifen zu einer Schlaufe legen und in die Schiene des Schlüsselanhängers schieben. Evtl. zusätzlich einen Rest Webband in der Mitte falzen und ebenfalls in die Schiene schieben. Den Clip mit einer Zange oder einem anderen Gewicht zusammendrücken, dabei zum Schutz des Clips ein Stück Pappe, mehrere Schichten Stoff oder einen Rest Decovil I zwischen den Clip und die Zange legen.

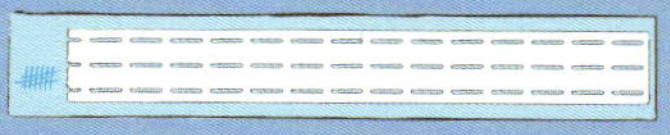
1

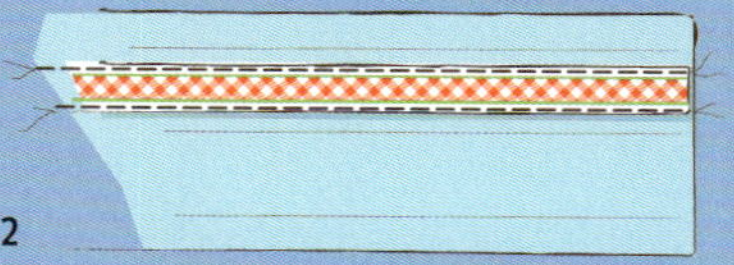
2

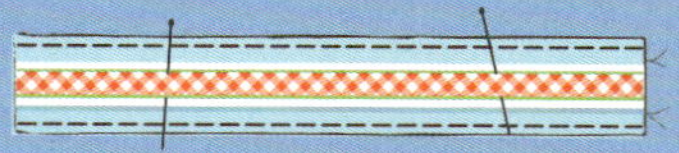
3

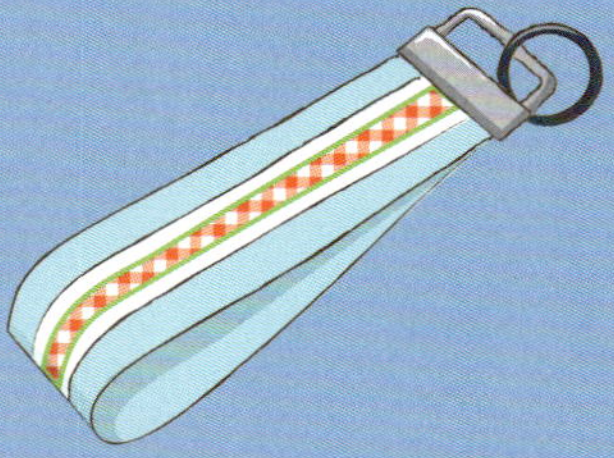
4

SCHWIERIGKEITSGRAD 1

GRÖSSE
3 cm x 15 cm

MATERIAL
- Stoffrest, 30 cm x 10 cm
- Webband, 30 cm lang, evtl. einen weiteren Rest
- Lösungsmittelfreies doppelseitiges Klebeband
- Vlieseline Bundfix, 3 cm breit, 30 cm lang
- Rohling für Schlüsselbänder, 3 cm breit, mit Schlüsselring
- Zange

Romantische Rose

Die Stoffstreifen für die Rose können gerissen oder versäubert werden. Alternativ kann man für die Rose ein breites Dekoband verwenden. Die Rose erfordert zwar etwas Übung, gelingt aber dann ganz schnell.

ANLEITUNG

1 Die Enden der beiden Stoffstreifen gemäß Abbildung übereinander legen und aneinander nähen.

2 Knicken Sie aus dem Stoff eine Räuberleiter (bzw. Hexentreppe): dazu abwechselnd einen Streifen über den anderen knicken.

3 Mit einer Hand die Streifen des offenen Endes der Räuberleiter festhalten. Dann mit der anderen Hand an einem der Streifen ziehen, bis das zusammengenähte untere Ende der Räuberleiter oben erscheint.

4 Die entstandene Rose in Form zupfen und in der Mitte mit einigen Stichen von Hand fixieren. Zum Schluss die überstehenden Stoffstreifen abschneiden.

SCHWIERIGKEITSGRAD 1

GRÖSSE

ø ca. 7 cm

MATERIAL

- 2 Stoffstreifen, 60 cm x 4 cm
- Handnähnadel und Faden

Praktische Einkaufswagenchip-Täschchen

ANLEITUNG

1 Für die Vorderseite die beiden kleineren Zuschnitte in der Mitte knicken, sodass sie jeweils 10 cm x 7 cm groß sind und die rechten Stoffseiten außen liegen. Dann oben und unten auf den Reißverschluss legen und am Reißverschluss festnähen.

2 Für die Rückseite das größere Stoffstück ebenfalls in der Mitte falten – die rechte Stoffseite liegt dabei wieder außen – und rechts auf rechts auf die Vorderseite mit dem Reißverschluss legen. Mit Stecknadeln fixieren und den Reißverschluss bis zur Mitte öffnen (nur so lässt sich die Tasche später wenden). Dann die Form der Tasche mit dem Trickmarker auf den Stoff übertragen und die Ränder der Tasche nähen. Die Nahtzugabe stark kürzen und mit einem kleinen Zickzackstich versäubern und die Tasche durch den Reißverschluss auf rechts wenden.

3 Die Tasche bügeln, dann die Öse an der markierten Stelle einschlagen und den Schlüsselring daran befestigen.

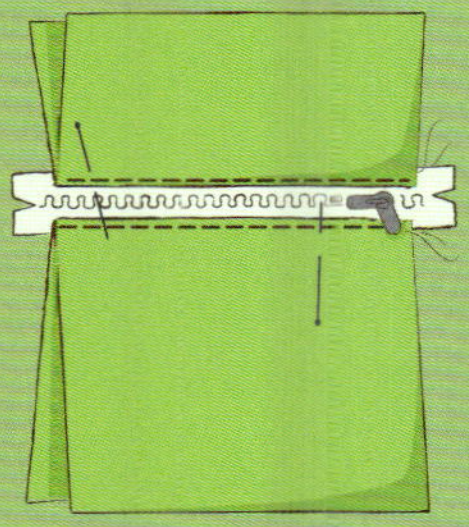
1

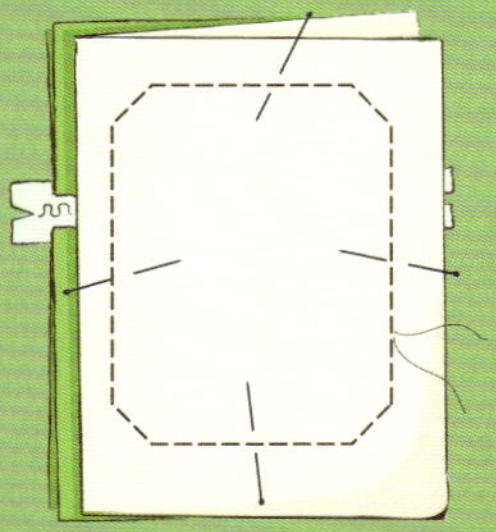
2

3

SCHWIERIGKEITSGRAD 1

GRÖSSE
7 cm x 9 cm

MATERIAL
- Maximal 3 verschiedene Stoffreste, Vorderseite: 2x 10 cm x 15 cm, Rückseite: 20 cm x 14 cm
- Reißverschluss, 8 cm lang
- Öse, ø 12 mm
- Schlüsselring
- Trickmarker

SCHNITTMUSTERBOGEN A

SCHWIERIGKEITSGRAD 1

GRÖSSE

ø ca. 9 cm

MATERIAL

- Stoffreste, in Streifen geschnitten, 45 mm breit
- Großer Knopf
- Schrägbandformer, 25 mm
- Handnähnadel und Faden
- Fingerhut

Farbenfrohe Blüte

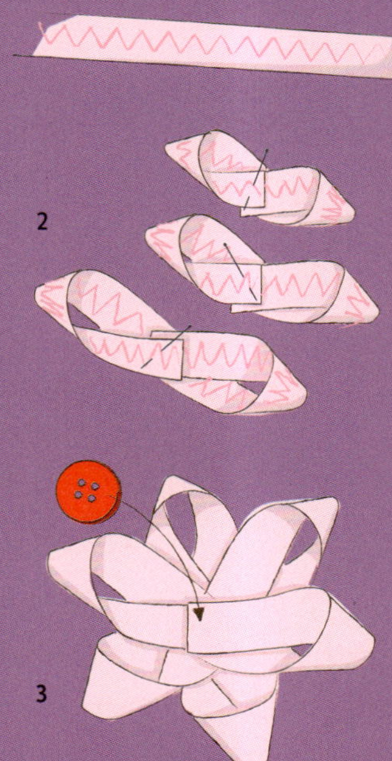

ANLEITUNG

1 Die Stoffreste durch den Schrägbandformer schieben und bügeln. Die Streifen dann nochmals der Länge nach falten, bügeln und mit einem Zickzackstich zusammennähen. Dann drei Streifen mit 20 cm Länge abschneiden, drei Streifen mit 17 cm und zwei Streifen mit 14 cm.

2 Heften Sie die Streifen wie abgebildet und nähen Sie sie jeweils mit ein paar Stichen zusammen.

3 Die drei großen Schlaufen sternförmig übereinander legen. Legen Sie darauf die drei mittelgroßen Streifen ebenfalls sternförmig versetzt. Als Letztes die beiden kleinen Schlaufen kreuzförmig auf die Blüte auflegen und dann alle Stoffschichten von Hand zusammennähen. Wegen der vielen Stoffschichten am besten einen Fingerhut verwenden. Zum Schluss einen Knopf als Blütenmitte aufnähen.

Schmückendes Filzornament

ANLEITUNG

1 Die einzelnen Teile der Paisley-Applikation von der Vorlage auf den Filz übertragen und ausschneiden, dabei für das Paisley eine Zickzackschere verwenden.

2 Zuerst die große Blüte auf das Paisley legen und mit einem einfachen Rückstich festnähen. Dann die kleine Blüte auf die große Blüte legen und ebenfalls festnähen. Nun die Blätter und den Knopf befestigen. Zum Schluss den äußeren Rand der großen und der kleinen Blüte mit einem Rückstich betonen. Die Paisley-Applikation kann dann mit ein paar versteckten Stichen auf der Tasche befestigt werden.

1

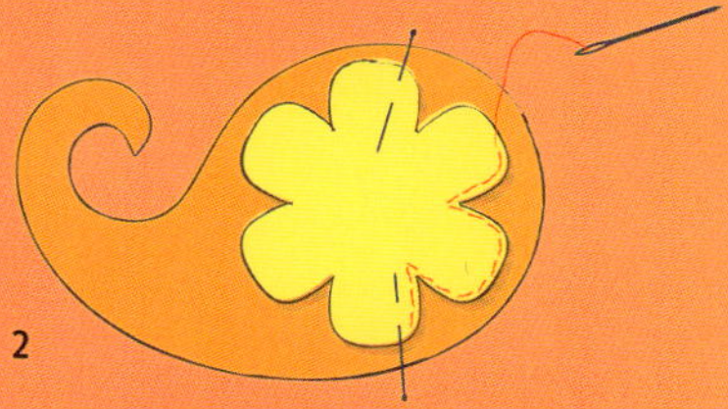

2

SCHWIERIGKEITSGRAD 1

GRÖSSE
11 cm x 7 cm

MATERIAL
- Filzreste in Orange, Gelb, Rot und Weiß
- Knopf in Gelb
- Garn in Rot, Orange, Gelb
- Handnähnadel

SCHNITTMUSTERBOGEN A

Die Autorin

Miriam Dornemann kam über einen kurzen Umweg als Beamtin vor einigen Jahren bei ihrem Traumberuf als Grafikerin und Illustratorin an. Seitdem mischen sich Hobby und Arbeit ganz unproblematisch. Kreative Experimente müssen allerdings bis in die späten Abendstunden warten und ihr kleiner Sohn im Bett ist. Aber dann gibt es kein Halten mehr und sie malt, näht, filzt oder arbeitet mit Papier.
Genäht hat sie schon von Kindheit an, zunächst Puppenkleider und kleine Taschen, später dann Kleidung für sich selbst und ... noch mehr Taschen. Nach den beiden Bestsellern „Tolle Taschen selbst genäht“ und „Noch mehr tolle Taschen selbst genäht“ freut sie sich, mit diesem Titel ein neues, spannendes Konzept umzusetzen, mit dem die Leser selbst kreativ werden und ihre ganz persönlichen Traummodelle nähen können. Weitere Ideen für kreative Papier- und Stoffideen teilt sie auf ihrem Blog: www.mirid.de

Wir danken den Firmen Coats GmbH, Kenzingen, www.coatsgmbh.de; Rayher Hobby GmbH, Laupheim, www.rayher-hobby.de; Prym Consumer Europe GmbH, Stolberg, www.prym-consumer.com; Westfalenstoffe AG, Münster, www.westfalenstoffe.de für die freundliche Unterstützung mit Materialien.

Genehmigte Lizenzausgabe für Weltbild Retail GmbH & Co. KG, Steinerne Furt 68-72, 86167 Augsburg

Projektmanagement: Eva-Barbara Hentschel
Co-Autorin: Jutta Kühnle (S. 84-95)
Lektorat: Susanne Dubbers
Layout: Petra Theilfarth
Fotos: frechverlag GmbH, Stuttgart; lichtpunkt, Michael Ruder, Stuttgart
Umschlaggestaltung: Maria Seidel, Teising, atelier-seidel.de
Gesamtherstellung: Neografia, a.s. printing house, Martin
ISBN 978-3-8289-8021-1

2018 2017 2016 2015
Die letzte Jahreszahl gibt die aktuelle Lizenzausgabe an.

Einkaufen im Internet:
www.weltbild.de